政府も学者も

# ぶった斬り！

# 倉山満の憲法九条

ハート出版

# はじめに

この本は実にバカバカしい本です。

なぜなら、日本国憲法九条の本だからです。日本国憲法九条は実にバカバカしい存在なのだから、丸ごと一冊かけて九条について語っている本が、バカバカしくないはずがないのです。つまりバカなことを書いている、バカな本なのです。

最初にお断りしておきますが、私がふざけているのではありません。ふざけているバカなのは日本国憲法の方です。ふざけた日本国憲法の中でも、最もふざけた第九条について語ろうというのですから、こちらがどんなにまじめな態度を取ろうとも、バカでふざけた本になるのは仕方がないのです。

では、日本国憲法の何がバカなのか。大事な点だけ六つあげます。

一、出生。そもそも、ダグラス・マッカーサーという外国人の落書きから生まれたこと。

二、条文。世にもおぞましい、汚らしい、法律に値しない文章であること。

三、剽窃。東京オリンピックのエンブレムで間に合っています。不戦条約のまんまパクリです。

四、解釈。九条だけで大学の授業を　年できるくらい、どうとでもとれます。

五、運用。こんなものが日本の最高法なので、困っています。
六、恥部。こんなものを日本の最高法として押し戴いてきたのは無かったことにしたいです。

出生がいかがわしく、条文が愚かで、しかもその条文も剽窃であり、解釈がデタラメで、運用が無茶苦茶で、日本の恥部だからです。

つまり、全部が問題なのです。存在そのものが問題と言っても間違いありません。六つの内どれか一つでも認めれば、日本はまともな国ではなくなってしまうという大問題点ばかりです。しかし残念ながら我が国は、こんなゲテモノを自分の国の最高の法律として押し戴いて、今に至ります。

五月三日は「ゴミの日」とは、よく言ったものです。ゴミですら嫌がるようなゲテモノを呪う日だという暗号でしょう。表向きは憲法記念日となっていますが。

しかし、それにしても、なぜ今頃、憲法九条の本なのか。私が聞きたいくらいです。巷で話題になっているから、仕方ありません。

もちろん、昨平成二六年に閣議決定した集団的自衛権の解釈変更と、それに伴う今年の安保法制国会の体たらくを見て、この本を書こうと決意しました。あまりにもグダグダなので。では、なぜグダグダになるのでしょうか。

日本国憲法、特に九条がグダグダなのだから、その解釈と運用がグダグダになるのは当然です。ところが、何かの間違いで日本国憲法を尊重しなければいけないのだから、話に矛盾が出るのは仕方ありません。具体例をあげましょう。

ある日の国会で、安倍晋三首相が「後方支援は戦闘行為ではありません」と答弁すると、民主党の岡田克也代表が「後方支援こそ戦闘行為ではないか」と追及する。これ、岡田代表の方が正しいのです。岡田代表が率いる民主党など、いつもは聞くに値しない愚かな質問をするか、たまにカメラに向かってプラカードを掲げるしか能がないくせに。

ここで言う「後方」を位置関係の事と勘違いしている人が多いのですが、違います。前方と後方の違いは任務です。前方は直接戦闘を行うこと、後方とは直接戦闘を支援することです。その中でも中心は、兵站（logistics）です。戦いにおいて、強い武器を持っている相手とそうではない相手、どちらを狙うか。当然、後者です。よって、後方任務は安全どころか、むしろ危険な任務です。また、後方で支援をしていることは、戦闘に参加しているのと同じです。戦っている兵士に武器や食料などを支援するのは、戦いに参加しているのと同じです。敵からすれば、後方を叩くのは自分を守るために必要なことです。

仮に、「後方支援は戦闘行為ではありません」と宣言したとして、誰が騙されるでしょうか。日本国内でしか通用しないデタラメな論理で出来上がっている日本国憲法に矛盾が無いという前提で話をするから、政府の答弁に矛盾が出るのです。

よく、「敗戦後の日本は七〇年間、平和憲法の下で一度も戦争に参加しないで生きてきました」と言われます。では、在日米軍基地や思いやり予算は何なのか。一九五〇年の朝鮮戦争以降、ベトナム戦争やイラク戦争など、アメリカ合衆国の主な戦争で、在日米軍基地から多くの兵士が出撃しています。

日本はアメリカの同盟国であり、アメリカが戦った中国やベトナムから見れば敵国です。中立国ではありません。日本は戦争参加国なのです。

現在、集団的自衛権の行使が議論されています。日本国憲法（特に九条）を愛する護憲派は「憲法制定以来、一貫して行使が禁止されてきた集団的自衛権を行使するな」と主張し、改憲派は「行使する」と反論しています。実にバカバカしい。

集団的自衛権など、とっくに行使しています。基地提供や資金援助は、集団的自衛権の行使です。既に行使しているものを「行使するな」「行使する」と、やり合う空しさ。

どうして、こうなるのか。それは、日本国憲法がマトモな存在であるという思い込みです。日本国憲法など、日本国を一歩でも出れば、得体のしれないゲテモノにすぎません。その証拠に、憲法学の主流派の教授たちは、比較憲法学を嫌がります。あるいは、国際法学者との議論から逃げます。国際法では、「基地提供や資金援助は集団的自衛権の行使である」と教授全員が知っていますが（ただし、護憲派に親和的な教授は知っていても誤魔化します）、日本国憲法の教授方は本当に知らないか、知っていても無視するかです。「国際法ではそうかもしれないが、日本国憲法では違う」と平気で言い出します。

本書では、デタラメの根源である日本国憲法第九条を解説し、憲法学者がどのようなデタラメな議論を展開しているかを、お話しします。

今の不毛な集団的自衛権や憲法九条の議論ではなく、少しでもマトモな議論を多くの人に知ってもらいたいと思います。

目次

## 憲法九条のデタラメな用語を定義する

先に結論からいうと、自民党が作った改憲案はほとんど全てが間違っています。そして、護憲派の主張が全て誤りだという認識もまた誤りなのです。一口に護憲派と言っても様々な種類の人物が立場を異にしています。

本書では代表的な護憲派の憲法学者の主張をもとに憲法九条や集団的自衛権について検証を行い、いかに護憲派の理屈が破綻しているか、また改憲派が事実誤認に基づいているかを解説していきます。まず本章では憲法学者の主張を解説する前に、押さえておくべきポイントについて説明していきます。

### 日本国憲法九条の読み方

日本国憲法　第二章　戦争の放棄
第九条一項　日本国民は、正義と秩序を基調とする国際平和を誠実に希求し、国権の発動たる戦争と、武力による威嚇又は武力の行使は、国際紛争を解決する手段としては、永久にこれを放棄する。

**二項　前項の目的を達するため、陸海空軍その他の戦力は、これを保持しない。国の交戦権は、これを認めない。**

最初に日本国憲法の条文を確認していきますが、条文がどのようにでも解釈を取ることが出来るいい加減な文章になっています。

日本国憲法九条というのは一項が「戦争放棄」についての条文だと言われています。二項は「前項の目的を達するために」戦力不保持、さらに「交戦権」を否認しています。

この内容を日本語の文法に従って読んでいきます。一項の「国権の発動たる戦争と、武力による威嚇又は武力の行使は、国際紛争を解決する手段としては、永久にこれを放棄する」は「戦争はしません」と読めます。

しかし、「国際紛争を解決する手段としては」ということは国際紛争を惹起する手段としてはやっても良いとも読めてしまいます。流石にこのような解釈を取ることはできませんが、文章に余計なことを書くと余計なツッコミが出てしまう典型例だといえます。明治日本では、このような事がないように憲法典の条文は余計なことは一切書かず簡潔に記されました。簡文憲法については小著『誰が殺した？　日本国憲法！』（講談社　二〇一一年）、『帝国憲法物語』（PHP研究所　二〇一五年）などをご参照頂きたいと思います。

日本語の文法では一項は「戦争放棄」、二項は戦争をしないために「戦力不保持、交戦権否認」

と読むことができます。つまり、九条一項と二項を合わせると「戦いません。戦うための力は持ちません、戦う権利は認めません」ということです。この場合、「全ての戦争」を否定しているという解釈となるため「自衛戦争」まで否定してしまします。

自衛戦争を放棄しないと読んだ場合には「侵略戦争」を放棄すると解釈をすることができます。その場合は「侵略をするための戦う力は持ちません（戦力不保持）」「侵略する権利は認めない（交戦権否認）」、よって「自衛の権利は当然認められ、自衛のための戦力は持ちます」という真逆の解釈になってしまいます。この解釈は芦田修正と呼ばれますが、本来は京大学派の正統的な読み方です。

芦田均は芦田小委員会でこの議論をしている時は、九条一項を強めるために二項をやるという前者の読み方の方で賛成をしています。これを「前項の目的を達するために」としたのは金森徳次郎憲法担当大臣と佐藤達夫法制局次長でしたので、実際は芦田修正ではなく、金森修正と呼ぶべきものでした。

ちなみに、含みのある解釈にしていたところ、中華民国の代表から「自衛のためなら戦力を持つつもりじゃないのか」とクレームが付いたので、文民条項がついたという話もあります。

このように日本国憲法九条とは国家の防衛という国の根幹をなす条文であるにも関わらず、これくらい真逆の読み方が出来てしまうくらいいい加減な文章になっているのです。

## 日本国憲法における「自衛権」の定義

芦田修正によって自衛戦争は認められていましたが、それを完全否定したのは二〇一四年の第二次安倍内閣でした。日本国憲法と集団的自衛権の関係を議論する首相の私的諮問機関「安全保障の法的基盤の再構築に関する懇談会」（以下、安保法制懇）の報告書により、九条二項の芦田修正に基づく自衛権は公然と否定されたのでした。

安保法制懇の報告書ではそれまで少数有力説であった芦田修正を政府の有権解釈から排除すると明言し、その代わり憲法一三条の条文に基づいて自衛権を行使するとしました。

**第一三条　すべて国民は、個人として尊重される。生命、自由及び幸福追求に対する国民の権利については、公共の福祉に反しない限り、立法その他の国政の上で、最大の尊重を必要とする。**

憲法一三条とはアメリカ独立宣言を母法とする条文で、日本国の憲法に入っている時点で恥ずかしい内容です。ちなみに、本場アメリカではアメリカ修正憲法により「銃を持つのは人権」となっています。

第二次安倍内閣で自衛権は憲法一三条に規定される「国民の生命、自由及び幸福追求」を守るために自衛権が行使されると、わざわざ分かりにくい解釈を採用しています。

一三条に根拠を求める意味不明な解釈ですが、一応、政府的な理屈でいうと田中角栄内閣の昭和四七年答弁で憲法一三条を持ちだしているので、それを援用しているから論理に一貫性があるという「憲法ごっこ」をやっています。

安倍首相は「集団的自衛権は憲法解釈で戦後一貫して禁止されてきた」という立場をとっており、集団的自衛権を行使するために憲法解釈が必要だとしています。ここで注意しなくてはならないのは、自衛権行使の要件に一貫性があってはならないということなのです。

それを知るためにはまず、国際法と日本国で使われる自衛権の言葉の定義が乖離している事実と、戦後日本における自衛権の定義が変遷してきた歴史的事実を知る必要があります。

## 国際法における「自衛権」の定義

九条の「前項の目的を達するために」の解釈だけで全く異なる解釈になることを取り上げましたが、九条の条文の内容をそれぞれ読み解いていきたいと思います。条文に書かれている「戦争」「戦力」「交戦権否認」ですが、この言葉の解釈が実は非常に難しいのです。

まず、「国権の発動たる戦争」ですが、これは「侵略戦争」のことになります。一九二八年の国際連盟による「不戦条約」に書かれていることをそのまま引用している内容になります。

不戦条約について解説をすると、第一次世界大戦後に世界七〇カ国中六三カ国が集まり批准加盟した条約ですが、正式名称を「戦争抛棄ニ関スル条約」といいます。条約についての打ら合わせがされる際に参加したイギリス人が「戦争放棄は良いが、自衛戦争まで放棄するのか？」と言ったので、参加国からは侵略戦争は当然放棄するが、自衛戦争は留保するとなりました。他国を侵略するのは論外として、他国から攻撃された際に自衛が出来ないのは国家としてありえないので、自衛は当然留保となりました。

すると、参加をしていたアメリカ人から「自衛の範囲はどこだ」という話になりました。自衛の範囲が自国の国境の中だけでなく、死活的利害地域に及んだ場合はどうなるかということです。死活的利害地域とは例えばアメリカにおける中南米、イギリスにおけるスエズ運河など国家の経済基盤並びに国防を行う上での要衝となる場所を指します。この死活的利害地域が敵国に占領されるなどすると国家の存亡に関わる地域であるため、国境と同等に重要な防衛線だといえます。

そのため、国境の外でも自衛権の行使は可能という解釈となりました。これは英米だけに認められたことではなく、不戦条約の加盟国全てに認められるという事になります。では、その後に起きた戦争や事変は何かというと、全て自衛を目的とした武力紛争になってしまいました。この際、ソ連の南下を阻止するために行われた自衛行動の満洲事変が侵略戦争にされてしまうのかは別の問題ですが、ヒトラーもスターリンも自衛を名目にして欧州等を侵略していきました。

このように不戦条約は全く無意味な条約でした。自衛と侵略の解釈も武力を行使する国が勝手にやって良かったからです。その歴史を踏まえて、吉田茂首相は一九四六年の答弁で「満洲事変も大東亜戦争も自衛の名のもとに侵略が始まった」と余計なことを口にしています。

現在の自衛権に関する政府解釈が混乱の極みにあるのは、政府が侵略の定義を理解していないことにあります。

本来、侵略（Aggression）の定義は「挑発がされていないにも関わらず、先制攻撃を仕掛けること」です。これについては国際法学者の佐藤和男氏の著書『憲法九条・侵略戦争・東京裁判』（原書房）を是非ご参照頂きたいと思います。佐藤氏は欧米の著名な国際法学者にも聴きこみを行い、一生涯をかけて侵略の定義を整理して日本が侵略戦争を行っていないことを訴え続けた人物です。

「侵略」とは曖昧ながらも定義のあるにも関わらず現在の安倍内閣は「侵略の定義はない」という立場をとっています。本来侵略の有無の問題点は「挑発の有無」につきます。先制攻撃をしたかどうかは問題になりません。よくアメリカは日米戦争では日本が真珠湾攻撃でだまし討をしたから、日本の侵略だと今でも言いますが、ではアメリカ人は真珠湾攻撃以外で「先制攻撃をした方が侵略」ということを言ったことがあるのでしょうか。イラク戦争においてイラクはアメリカに対して先制武力攻撃をしていませんが、アメリカはイラクの国土へ攻め入り、フセイン政権を崩壊させて傀儡政権まで作りました。ところが、このアメリカのアフガニスタンへの行いに対して国際的に非難は起きませんでした。

アフガン戦争はアルカイダというテロリストに自国でテロ（犯罪）をされたので、そのアルカイダ幹部をかくまったアフガニスタンに対して国中にミサイル攻撃をして、陸軍を上陸させ、タリバン政権を転覆させて傀儡政権を樹立させることまでやりました。

イラク戦争について異議を唱える国があっても、アルカイダをかくまったアフガニスタンへの一連の出来事について、アメリカの合法性を否定した国はありません。中国、ロシアをはじめ、イランですらアメリカに「やり方を考えろ」とは言っても非難していません。自国民を殺傷した犯罪者を匿う国に対しては実力行使に出ても問題ないのです。

仮に自国民が外国に拉致をされたのであれば、戦争をしてでも助けに行くのが主権国家・文明国としてのあるべき姿なのです。どこかの国のように、理由を見つけて戦争をせずに外国に拉致された人を見捨てるような国こそ国際社会では異常だといえます。

アメリカのアフガン戦争がこれ以上やりようがないので、これが自衛権の限界点だと言えます。やろうとしたら非人道兵器を使うくらいですが、流石にこれは自衛権から逸脱しすぎて議論になりません。

要は現代の戦時国際法である国際人道法を守る限りは問題にならないということになります。つまり、イラク戦争後に捕虜虐待で問題になったアブグレイブ刑務所のようなことをしてはならないということです。

アメリカのアフガン戦争の教訓は国際法上、日本が戦前に建国させた満洲国が合法だということを自白しているわけです。今の日本が主張をしていないので認められていませんが、自衛のために傀儡政権を作ることは問題にならないわけです。満洲事変が侵略ならアフガン戦争も同じという話になります。アフガン戦争が合法なら、日本が大陸居留民の安全確保やソ連の南下に備えるために作った満洲国の何が問題なのかが全く分かりません。

アフガニスタンの場合は、現地人が誰も望んでいないカルザイを無理やり亡命先から連れ帰って来て大統領に任命したものの統治能力がなく、実質市長程度の力しかないため今だに混乱の極みにあります。それに対して満洲国の場合は満洲から軍閥を追い出して大日本帝国が秩序を回復させたことで治安が良くなり、産業が発展して、何故か侵略されたはずの中華民国から大量の移民が流入する状態でした。現在のアフガニスタンと満洲国のどちらがはるかにうまくいってたのでしょうか。

このように国際法上、先制攻撃の有無が侵略を決定づけるものではありません。もし、挑発の有無に関わらず「先に手を出した方が侵略」というのであれば、それはスターリンの侵略戦争の定義条約と同じ内容になります。その条約では「先制攻撃を行えば侵略」という定義になっています。しかし、東欧など条約に加盟した国々はスターリンの定義のままに、ことごとくスターリンに侵略されてしまいました。

この問題で深刻なことは日本人が今でも「先に手を出した方が悪い」ということを信じているため、「どんなにいじめられても先に殴った方が悪い」と親や教師が子供に教えるのでいじめを苦にして自殺する子供が後を絶ちません。この場合、自衛というのは本来なら殴られてから殴り返すどころか、先に殴っても問題にはなりません。

これは個人でも国家でも全く同じことが言えます。本来、自衛権というのは、例えば高所から物が落ちてくれば避ける、川で溺れている子どもや犬がいたら助けたくなる等の自然の感情であって、法律で禁止しきれる話ではまったくありません。

同じように殴られたら殴り返す、友達といるときに友達が殴られたら助ける。これらは自然権と呼ばれ、当然の権利という意味です。これは国家であろうとも当然の権利なので、自然権を否定しきることは出来ません。

吉田茂が自衛戦争放棄答弁をした時、「自衛権は否定しきれるものではないが、具体的には自衛戦争を放棄するので、自衛権を放棄したのと同じことになる」という言い方をしています。自衛権を否定しきれることはできないので、吉田は自衛権を放棄したとは言っていません。

これが何を意味するかというと、日本国憲法の条文の中で唯一、条文の文字で書いてあることよりも上位の存在があるという部分になります。吉田の答弁は最初、日本国憲法の条文に書かれていることが全てという立場だったのに、自衛権は自然権だという不文法が出てきたということです。要するに、最初の吉田茂答弁でも否定出来ないくらい自衛権は当然の権利であって否定しきれないものなのです。

## 日本国内における「自衛権」の変遷

日本では自衛権を行使できる要件が非常に厳しく規定されています。自衛権行使の三要件と呼ばれ、①他に手段がない場合、②不正急迫の事態であること、③必要最小限度であることとされています。他にもややこしいルールが多々あるのですが、日本の自衛権発動の要件については小著『軍国主義が日本を救う』(徳間書店)に詳細を解説したのでご覧頂ければと思います。

敗戦後の自衛権・交戦権についての最初の政府見解は、一九四六年の帝国議会での吉田茂首相の答弁です。ここで吉田は「自衛を含めて全ての戦争を放棄する」と言い切っています。それに対して「軍隊を持てないなんて主権国家ではない」と吉田を追求していたのが日本共産党の野坂参三氏でした。

この頃の共産党は、野坂氏のように日本の自主防衛・国防を真剣に考える人のいる大変素晴らしい政党でした。筆者は共産党のことは詳しく知りませんが、今の共産党はどうしているのでしょうか。

一九四六年の吉田首相答弁では、自衛権は保持しているが自衛も含めて戦争を放棄するから実質的に自衛権を行使できないという言い方をしていました。

一九五〇年に朝鮮戦争の勃発を受け、吉田首相が四六年の「自衛戦争も含めて戦争を放棄する」とした答弁を変更し、自衛戦争を容認しました。二〇一四年に次世代の党（当時みんなの党）の和田政宗参議院議員が国会で自衛権の放棄について質問したところ、横畠裕介内閣法制局長官は「すぐに訂正した」と答弁していましたが、四年後のことを「すぐ」とは普通は言いません。つまりは四六年の吉田答弁は失言という扱いになっているのです。

四六年の吉田答弁ですら自衛権は保持しているが、政策的判断で行使できないとしていました。そのため五〇年の答弁は明らかに解釈変更です。

確かに一九四六年から五〇年の間は日本の占領期であり、集団的自衛権は行使していません。ところが、朝鮮戦争では保安隊（自衛隊の前身）が朝鮮半島で機雷の除去を行い、殉死者まで出しているのです。

これが集団的自衛権の行使ではないのかという質問に対して下田武三条約局長は、「この時代の日本には主権がないので、日本国憲法を守ることが不可能であった」という答弁をしています。つまり、占領軍は先例にあらずと言っているわけです。サンフランシスコ平和条約前の一九五二年四月二八日までは日本国憲法は日本国の憲法ではなかったということを認めています。つまり、憲法という名前の占領基本法に過ぎなかったというわけです。

一九五一年に「米日安保条約」を結び、翌日から米軍に基地を提供し続けました。独立回復前の朝鮮戦争でも在日米軍基地から朝鮮半島へと米軍が出撃しているので、国際法的には日本は集団的自衛権の行使をしています。敵国の北朝鮮や中国から見れば日本は立派な交戦国です。直接銃火を交えなくても交戦国の一方に基地や資金を提供するのは当事国への戦争協力であり、集団的自衛権の行使にほかならないのです（詳細は苫部信喜の章で説明）。

つまり、日本は主権回復後もヴェトナム戦争、湾岸戦争、イラク戦争といった戦後の主要なアメリカの戦争のほとんど全てで、集団的自衛権を行使した交戦国だといえます。

その後の鳩山、岸、池田内閣で解釈改憲が進み、日本から外国へ攻めていくことは出来ないという意味で政策的に禁止しました。しかし現実に在日米軍基地と日米安保条約で集団的自衛権を行使してるので、池田内閣までは集団的自衛権は原則行使・例外禁止という立場をとっていました。

ところが、佐藤栄作内閣の高辻正己法制局長官が池田内閣まで積み重ねてきた解釈をことごとくひっくり返し、昭和四七年田中角栄内閣で吉國一郎長官が明文化したのが「集団的自衛権は保持しているが行使できない」ということになりました。基地提供という事実や池田内閣までの憲法解釈を全て無視するという歴史歪曲を行ってきました。詳しい経緯については樋口恒晴氏の著書『「平和」という病』（ビジネス社）を参照頂きたいと思います。

余談ですがこの吉國長官は「天皇は日本のヘッド」と発言した人物とだけ歴史的事実として記しておきます。付け加えると吉國は天下り先でプロ野球のコミッショナーになり、逆指名制度とフリーエージェントを導入し、ドラフトを形骸化し、野茂英雄がメジャーリーグに挑戦するときに任意引退の手続きをさせた人物としても知られています。余談ですが、宮沢俊義もプロ野球コミッショナーに天下りしているのですが、在任中に起きたのが「黒い霧事件」でした。

## 憲法と国際法の関係

これまで見てきたように国際法と日本国内でいわれる「自衛権」の定義に大きな乖離があることがお分かり頂けるかと思います。その一例が「集団的自衛権」です。当然の権利である自衛権のなかに個別的自衛権と集団的自衛権があるのですが、これを厳密に区別している国は日本くらいのものです。本来、自衛権というのは自国だけ行使すれば個別的自衛権で仲間と行使すれば集団的自衛権というだけのもので、それを厳密に区別する意味がありません。なによりも、国連憲章において個別的と集団的自衛権を認めています。

**国連憲章五一条**

**この憲章のいかなる規定も、国際連合加盟国に対して武力攻撃が発生した場合には、安全保障理事会が国際の平和及び安全の維持に必要な措置をとるまでの間、個別的又は集団的自衛の固有の権利を害するものではない。この自衛権の行使に当って加盟国がとった措置は、直ちに安全保障理事会に報告しなければならない。また、この措置**

は、安全保障理事会が国際の平和及び安全の維持または回復のために必要と認める行動をいつでもとるこの憲章に基く権能及び責任に対しては、いかなる影響も及ぼすものではない。

Nothing in the present Charter shall impair the inherent right of individual or collective self-defense if an armed attack occurs against a Member of the United Nations, until the SecurityCouncil has taken measures necessary to maintain international peace and security. Measurestaken by Members in the exercise of this right of self-defense shall be immediately reported tothe Security Council and shall not in any way affect the authority and responsibility of theSecurity Council under the present Charter to take at any time such action as it deemsnecessary in order to maintain or restore international peace and security.

憲法九条を考える上で、国際法において当然の権利である自衛権を一国の憲法で否定する事ができるかという問題があります。

憲法と国際法の関係は通常、下記のようになっています。確立された慣習国際法（例えば大使は公使よりも上など）は一国の憲法で否定しきることはできません。

**通常の国・慣習国際法 ≧ 憲法 ＞ 条約 ＞ 法律**
**日本・米日安保条約 ＞ 憲法 ＞ 国際法 ＞ 法律**

ところが、佐藤内閣の高辻正己法制局長官は日本国憲法が国際法よりも上だと勝手に変更しました。国際法と憲法のどちらが上かというのは難しい議論がありますが、一致していることは自国の都合だけで国際約定を変更してはならないということがあります。

それにも関わらず、高辻はそれを勝手に覆したのでした。「米日安保条約 ＞ 憲法 ＞ 国際法 ＞ 法律」という高辻によって勝手に作られた体系を崩さない限り、戦後レジームからは永久に脱却することはできません。

## 憲法と日米安全保障条約の関係

日本国憲法だけを見ていても安全保障や国際関係は何一つ分からないので、日本の敗戦後から今日まで続く一連の歴史的経緯を見て行きたいと思います。

一九四五年　第二次世界大戦が終結し、連合国はナチス・ドイツを倒し、ついでに大日本帝国を滅ぼしたので人類は平和になりました（棒）。地球上には悪い国はひとつもなくなりました（アメリカ人の世界観では）。その話を聞いたスターリンは絶対に自分を騙すためだと思い警戒したのは言うまでもありません。

一九四六年　十一月三日、世界が平和になったとアメリカ人が平和ボケでいる時代に日本憲法が発布され、その半年後、一九四七年五月三日に憲法が施行されました。

一九四七〜四九年　東西冷戦が本格化してきました。一九四七年にマーシャル・プランが制定され、一九四九年に国共内戦が終結して中華人民共和国が建国されました。アメリカの対日戦争における当初の目的は支那大陸における利権確保だったはずなのですが、中国の建国により目論見が全て消えてしまいました。

パールハーバーをやられて頭に血が上ったアメリカ人が当初の目的を忘れてキルザジャップになってしまい、目的を見失ってしまいました。アメリカも日本のことをとやかく言えないくらい戦争目的がデタラメに変わっていたのです。

だからこそ、前述したようにアメリカは日本に勝利をしたことで世界が平和になったと本気で信じてしまいました。だからこそ、日本は丸腰でいるくらいでちょうどいいから牙を徹底的に抜いてやれ、共産主義を広めてやれとなりました。

一九五〇年　ところが、日本の目の前で朝鮮戦争が勃発したために、朝鮮半島でアメリカを中心とした連合軍が戦う羽目になり、後方の日本の防衛まで手を割けなくなりました。日本が無防備だとアメリカにとって足手まといになるので、治安維持の能力を保有することを求めてきました。

なぜなら、この時、補給の天才である毛沢東は朝鮮半島の三八度線を攻勢限界点だと見極め、それ以上南下するつもりはありませんでしたが、あわよくば後背地の日本を共産革命で転覆させようと工作をしていたのです。

その尖兵となって日本国内で活動をしていたのが朝鮮総連でした。朝鮮総連は自治労や日教組と組んで日本各地で暴動を起こしていました。色んな判例で朝鮮戦争の時に在日朝鮮人が日本各地で暴動を起こしていることは様々な史料や文献で確認できるため、このようなことは別に戦後秘話でも何でもありません。このような治安情勢だったために、治安維持のために警察予備隊が必要となりました。

日本が軍隊を持つとか持たない以前に、朝鮮半島に戦力を送らなくてはならないアメリカが日本の治安活動のために兵力を割くことはできません。だからこそ、日本は警察予備隊を作って日本国内の治安維持は日本が行えということになりました。

日本列島が共産圏に取り込まれると、後方基地を失うアメリカは朝鮮半島で戦闘を継続することができなくなってしまいます。なぜなら、韓国が補給基地としてまともに機能をしないのでマッカーサーは朝鮮戦争中に前線の朝鮮半島から日本へ日帰りをしていたほどでした。もし、日本列島を補給基地として利用できなくなると、その瞬間に朝鮮戦争でのアメリカの敗北が決定してしまうのです。

ここに至って、アメリカはソ連とその弟分の中国の両方を一国で相手にしなくてはいけなくなってしまいました。本来、大日本帝国が健在ならこのような事がなかったにも関わらず、スターリンの口車に乗ったアメリカは、大日本帝国を滅ぼして自ら中華人民共和国を作ってしまったのでした。

そのような情勢下でしたので、日本の独立を許さず、GHQによる占領を継続していくと日本人の不満が高まり革命により共産主義政権が樹立する可能性が高い。しかし、独立を許すと日本は軍隊を持っていないので、あっと言う間にソ連や中国に侵略されてしまうことが目に見えていました。

この頃はGHQによる占領期が六年を超えており、日本人の不満は高まっていました。このまま占領を続けていれば、いずれは日本でも共産革命が起こる危険性がありました。そのため、まずは日本をまともな主権国家として独立をさせて国際社会に復帰をさせなくてはなりませんでした。しかし、戦力を持たない日本が独立した翌日からもアメリカ軍に日本の防衛を担ってもらうというものです。

一九五一年　日本独立のための条約「サンフランシスコ講和条約」が結ばれました。これは全政党が賛成しました。そして同時に結ばれた日本防衛のための条約が「米日安保条約」でした。安保条約は吉田茂ひとりで調印を行いました。

一九五二年　警察予備隊が保安隊になる。

一九五四年　保安隊が自衛隊になる。警察予備隊というのは警察みたいな部隊で、保安隊は海上保安庁みたいな部隊でした。そして、自衛隊は軍隊みたいな部隊でした。自衛隊のような組織は民主国家では他に類例がなく、意味がわからないので誰も説明できませんでした。無理やり言葉を選ぶなら、国境警備任務がない国境警備隊のようなものとしか言いようがない組織です。

一九六〇年　岸内閣が新安保条約に改正しました。旧安保条約では、一方的にアメリカが日本を守る条約内容となっているので、日本国内で内乱が発生した際にアメリカ軍が内乱を鎮圧するという「内乱条項」などがありました。まず、それを削除させました。

新安保条約に内乱条項は入っていませんが、東日本大震災では旧安保条約でも明記されていない大災害という事態であるにも関わらず、在日米軍は日本政府の要請がないうちに自衛隊よりも早く仙台空港に勝手に降下して空港の修復を行いました。

この事例は、アメリカはいざとなれば日本政府の意志を無視して日本国内で独自に行動するという意思表示なのです。日米安保条約とは大日本帝国の天皇に代わって米国が日本国の統治権を保有しているという条約だといえます。なお、この時本来なら真っ先に駆けつけなければならない自衛隊は、航空法を守って仙台空港に降り立つ事ができずにいました。

今なお米軍が占領しているから日本はアメリカの属国で、実質的な主権国家ではないと言われることがあります。しかし、形式的でも主権国家であることは非常に大きい意味があります。

形式的でも主権があることで独自の外交関係を持つことが出来、平時は日本政府の許可無く勝手に米軍が基地の外に出られない等の制限があります。沖縄などもっと意味が大きくてドルが使われなくなり、沖縄と本土間を移動するのにパスポートも不要になりました。道路も左側通行へと戻っています。

吉田はこの意味において、日本を独立させた意義がありました。吉田は実質的にはともかく、とにかく形式的に独立を勝ち取るための総理大臣でした。それを岸信介が対等な関係に限りなく近づけようとしました。岸内閣が行った安保改正には、米軍撤退を前提とした与野党の合意がありました。

岸いわく安保条約というのは日本と満洲国の関係と一緒だそうです。つまり、宗主国に安全保障の根幹を握られているので事実上の半主権国家という意味です。ただ、日本が満州国を建国した時は満洲国をはじめ、周辺の日本の息が掛かっている自治政府に対してもっと良くしていたのですが。

岸内閣で日米の関係を対等に近づけるために行ったことは、様々な不平等条約を撤廃していくと共に、米軍が日本を守る。それに対して日本は在日米軍基地を守る。という相互役務の形になるようにしました。もちろん、これだけで対等かどうかは別問題ですが。

なお、日本と同じように外国の軍隊に基地提供をしている国としてアイスランドがあります。アイスランドは基地提供をしているだけで防衛努力を果たしているとしてNATOに加盟しています。

そのため、日本は巨大なアイスランドだといえます。アイスランドの場合は金融（マネー・ロンダリングともいいます）だけで生きているような国なので、日本のような巨大な国がアイスランドと同じようなセコいことをしていていいのか、という話ではありますが。

## 日本国憲法の上位法・米日安保条約

憲法九条の「国の交戦権はこれを認めない」の意味を「憲法が国に認めない」だと勘違いされる方がいますが、まさに護憲派の罠にハマっているといえます。これは全部が間違いではありませんが、正しく理解するには憲法と国家、国民の成り立ちについて理解する必要があります。

## 国＝領域＋国民＋政府（主権を保有する）

「国」とは国家全体の事を指し、その構成要因として「政府」と「国民」が存在します。つまり、国土の上に国民がいて、指導者がいるという秩序があることが国家の条件だと言えます。

最高権力が国である以上は、「国に対して認めない」とすることは不可能です。国と政府の関係は、政府は国家権力を行使するだけであり、国家権力そのものではなく、政府権力とは異なるものです。

そこで、日本国憲法が国民主権だと謳っている以上、日本国憲法の主体は国民になります。国家権力は縛ることの出来ない最高権力である以上、「憲法は国家権力を縛るもの」というのは誤りで、正しくは憲法とは政府に対して政府権力を制約するためのものです。国家と政府の関係は、国家が馬で政府は馬を制御する御者だといえます。馬に対して縛る事ができないので、御者に対してどのような命令を出すかというのが憲法です。

そのため、まともな読み方をすれば「政府が国民に対して交戦権を認めない」となります。

しかし、これは誤りで正しくは「マッカーサーが日本に対して交戦権を認めない」という意味なのです。これと同じ内容がマッカーサー・ノートという憲法の草案と呼ぶのもおこがましいマッカーサーが黄色いメモ用紙に走り書きした落書き帳に書かれています。この落書き帳には憲法九条一項と二項同様の内容が書かれています。

「国権の発動たる戦争」の国権とはマッカーサー・ノートでは「主権の発動」でした。そのため、保守改憲派が「九条一項はどうでもよい」などという主張をしているのを目にしますが、マッカーサーに日本国の主権を否定されている時点でどうでもよいなどという内容ではありません。九条一項とは日本を主権国家にさせないための縛りだといえます。二項が有害で一項が無益な内容である以上は九条そのものを削除するべきなのです。

## コロコロ変わる憲法解釈

日本国憲法における神話の一つに「一貫した憲法解釈」というものがありますが、これが嘘だということを解説したいと思います。憲法九条の定める「戦力」の定義が戦後コロコロと変わってきているのです。

「武力の行使」とは戦前の言葉で事変、現代の言葉でいうと紛争になります。すなわち、ウェストファリア条約に基づく「宣戦布告により開始され、和平条約により終結する」という国家による決闘のことを指す「戦争」以外の武力の行使全てを指します。

「威嚇」はそのままです。ですが仮に、武力による威嚇がなければ自国を侵略する意図を持つ外国に対して侵略を踏みとどまらせる抑止を行えず、いきなり戦争にエスカレートする危険性があります。もし専守防衛を唱えるのであれば、本来は外国に対して武力で威嚇をし、侵略の意図を挫くことをしなくてはいけません。

「武力」についてては歴代内閣ごとに解釈が変更されています。横田喜三郎などは「竹槍より強い武器」などとんでもない事を言っていました。流石にそれでは話にならないので、「近代戦遂行能力を超えるもの」と定義し直しました。最終的には「自衛のための最小限度を超えるもの」とコロコロと解釈変更がされています。

## 「戦力」の定義の変遷について

一九四六年の吉田首相答弁では「一切の軍備を認めない」。しかし、一九五〇年に朝鮮戦争が勃発した段階で「治安維持の目的のためなら合憲」となります。

一九五二年の吉田首相内閣統一見解により「近代戦争遂行に役立つ程度の装備・編成戦力に至らざる程度の実力を保持し、これを直接侵略防衛の用に供することは違憲ではない」という近代戦を戦えないから良いというぶっ飛んだ解釈になっています。

一九五三年に木村篤太郎保安庁長官はより踏み込んで「侵略戦争遂行能力」と回答していま す。この木村篤太郎という人物は東大法学部出身のエリート官僚なのですが、反共抜刀隊とい う日本中のヤクザと右翼とテキ屋（と、それとどこの一次資料にも載っていませんが、伝聞と して国士舘大学のＯＢ）を集めてナチスのＳＡ（突撃隊という名前の愚連隊）のような組織を 作ろうとしました。

確かに近代戦や侵略戦争は絶対に戦えないのですが、果たしてそれでよいのやら。と、こう いうことをぶち上げる楽しい人でした。ちなみに、木村の構想に当初、吉田首相が乗り気になっ てしまい、側近全員で止めたという古き良き楽しい時代の出来事がありました。

一九五四年四月に再び木村篤太郎保安庁長官は「確たる一定の定義はない。戦力に至らざる 程度においての自衛力は合憲。外部からの不当侵略に対して対処し得る実力部隊、これを軍隊 といい、また軍隊といわなくとも一向さしつかいない」としています。つまり侵略戦争が出来 る実力を持っているものが戦力だと言っているわけです。

一九五四年十二月、第一次鳩山一郎内閣の政府統一見解では「自衛隊は軍隊か。自衛隊は外 国からの侵略に対処するという任務を有するが、こういうものを軍隊というならば、自衛隊も軍隊ということができる。しかしかような実力部隊を持つことは憲法に違反するものではない」としています。あまり踏み込んだ話はしていません。

一九五四年五月、佐藤達夫内閣法制局長官は自衛権の発動について「自分の国の生存を守るだけの必要な対応手段は、これは勿論許される。即ちその場合は国際紛争解決の手段としての武力行使ではないんであって、国の生存そのものを守るための武力行使でありますから、それは当然自衛権の発動として許される」と回答しています。

一九五五年、林修三内閣法制局長官は交戦権と自衛行動について答弁をし、交戦権の範囲は「自衛のためにそれを排除するために抗争するということは許される」としています。自衛力の法的限界では、岸内閣の時には小型なら原子爆弾を持ってもいいとまで言っています。

一九六七年、佐藤栄作首相は「他国に対して侵略的脅威を与えない、侵略的脅威を与えるようなものであってはならない」と答弁では踏み込んだ発言はしていません。しかし、形式が変わってないように見えて日本の戦後国防政策の実態を大きく変えたのが佐藤内閣でした。

佐藤内閣以前の池田勇人内閣までは野党の共産党も含めて在日米軍の撤退、日本の自主防衛をするという目標を持って、憲法九条を骨抜きにする解釈を続けて着々と防衛力増強の努力をしてきました。
しかし、佐藤内閣は「他国の脅威になる」という理由で戦闘機から爆弾計算機（レーダー）を外させるという、それまで小型核兵器の保有が合憲という立場から一八〇度、防衛政策を変更させました。

一九七八年、真田秀夫内閣法制局長官は「核兵器であっても仮に自衛のための必要最小限度の範囲内にとどまるものがあるとすれば、憲法上その保有を許されるとしている意味は、もともと、単にその保有を禁じていないというにとどまり、その保有を義務付けているというものでないことは当然であるから、これを保有しないこととする政策的選択を行うことは憲法上何ら否定されていないのであって、現に我が国は、そうした政策的選択の下に、国是ともいうべき非核三原則を堅持し、更に原子力基本法及び核兵器不拡散条約の規定により一切の核兵器を保有し得ないこととしているところである」と踏み込んだ答弁をしています。つまり、核兵器を持つ権利はあるが、政策的に持たないようにしているとのことでした。

一九七八年、大平正芳首相は「自衛のための必要最小限度の範囲を超えることになるものは、通常兵器でありましてもその保有は許されない、その範囲内であれば核兵器であっても禁ずるものではない。ところが我が国は政策的に非核三原則を国是としているので核兵器は保有しない」と真田長官に追随した内容の答弁をしています。あくまで政策的に核兵器を保有していないということであって、憲法の問題ではないということです。

戦力の定義ひとつとっても全く一貫した解釈はされておらず、護憲派の一貫した憲法の精神などというものがそもそもどこにもないということがお分かり頂けるかと思います。

## 安倍首相の「一貫した論理」の問題点

国際法的に行使が許されている集団的自衛権を、高辻による勝手な憲法解釈の変更など佐藤・田中内閣の政策判断で出来ないことにしたという事実があります。政策の是非はともかく法律論としての問題はありません。ならば、安倍首相は政策判断により池田内閣までの政策に戻すだけでいいのです。これも法律論として問題はありません。

ところが、安倍内閣は集団的自衛権が憲法解釈で戦後一貫して禁止されてきたという立場をとっています。その「一貫して禁止されてきた」集団的自衛権を一内閣の解釈変更によって出来るようにしようとしています。

この論理には筆者も反対せざるを得ません。吉田答弁からの変更や高辻による憲法解釈の変更をはじめ、歴代内閣でコロコロ変更された憲法解釈が「一貫してきた」という嘘を認める事になり、現実に行使している集団的自衛権をこれまで行使して来なかったという嘘をつくことになります。

なによりも、「これまで一貫して禁止してきた憲法解釈を一内閣が勝手に解釈改憲をしてもかまわない」という事例を安倍内閣が作ると、それを前例として後の内閣が勝手に解釈改憲を行って外国人参政権など無茶苦茶な政策を行うとは考えられないでしょうか。

左翼は安倍内閣の一内閣による解釈改憲で集団的自衛権の行使を出来るようにするという論理に対して立憲主義の否定と言っていますが、護憲派左翼の言うとおりになります。

憲法典に何が書いてあっても解釈だけで変えて良いのなら立憲主義どころか法の支配の否定になってしまいます。現在の安倍首相の説明のままでは、憲法で一貫して禁止されているものを時の内閣が勝手に変更できてしまう理屈になってしまいます。

ここで大切なことは、一九七二年に事情を鑑みて集団的自衛権の行使を禁止したという歴史的事実があるのなら、現在の事情に鑑みて集団的自衛権を行使できるように元に戻せばいいわけです。政策判断の前提が変わっているのでそこに論理の一貫性は必要がありません。

事情が代わったのだから論理が一貫する必要が全くないにも関わらず、「一貫している」と言っているから政策論議が出来なくなってしまっているのです。今日の有事法制改革をめぐるグダグダは安倍首相の責任になります。

安倍首相は論理が一貫してないと批判されるのではないかと考えて無理やり憲法解釈が一貫していることにすることで全く政策論議にならず、しかもよりによって戦後の憲法解釈を勝手にしてきた諸悪の根源である法制局に助けを求めているのだから、グダグダになるのは当たり前なのです。元の憲法解釈そのものがグダグダなのですから。

ここで一貫してきたと言ってしまった結果、一貫してきた論理を一内閣で解釈変更出来るようにしてしまうという法の支配を無視したという汚名を着ることになってしまいます。「あの時、安倍がやったからだ」と言われて、今後民主党政権のような政権与党が好き勝手にやった時には日本が滅びてしまいます。

以上のことを踏まえて、以下の章では、護憲派憲法学者と呼ばれる人たちの著述を解説していくことで、現在行われている護憲派と改憲派の議論がいかに論理的に誤りであるかということを解説していきたいと思います。

## 護憲派の「神」・宮沢俊義

宮沢俊義元東大教授（以下敬称略）は日本国憲法作成にあたり、松本烝治憲法担当大臣の助手でいながら、松本がマッカーサーから疎んじられていることを感じ取るやいなや真っ先に裏切って、ＧＨＱに媚びて日本国憲法作成に取り組んだ人物でした。ＧＨＱが日本から撤退した後は、宮沢の憲法解釈が規範となりました。まさに日本国憲法における神の如き存在として戦後日本の学会に君臨し続けた人物で、今日の東大憲法学部というカルト宗教団体の初代教祖だといえます。

宮沢著作の『憲法』（勁草書房　一九六二年）の内容を元に解説をしていきたいと思います。宮沢は憲法九条一項の読み方について「すべての戦争を放棄（否認）する」と書いています。つまり憲法典の読み方は前章で取り上げた解釈の内、最も厳格な字面通りの読み方しか出来ないという原則的立場をとっています。

### 五　平和国家

**日本国憲法は、世界平和を理想とし、その実現に協力する趣旨で、軍備を廃止し、戦争を放棄する（九条）。**

侵略戦争または征服のための戦争の放棄を定めた憲法は、近年少くない。日本国憲法は、それより一歩すすんで、すべての戦争を放棄（否認）する。しかも、それだけではじゅうぶんではないとして、さらに軍備を全廃する。軍備がなければ、戦争は不可能である。こうしてはじめて世界平和の実現に少しでも寄与できると考える。

（中略）

現実には、占領時代に、連合国最高司令官の指令にもとづいて設けられた警察予備隊（一九五〇年・昭和二五年）は、その後保安隊および警備隊に（一九五二年）、さらに自衛隊にまで成長しており（一九五四年）、これが憲法九条の禁止する軍隊の性格をもつものかどうか、がつねに争われる。自衛隊法が、「自衛隊は、わが国の平和と独立を守り、国の安全を保つため、直接侵略及び間接侵略に対しわが国を防衛することを主たる任務とし、必要に応じ、公共の秩序の維持に当るものとする」と自衛隊の任務を定めている（同三条）ところから見て、憲法九条二項にいう「戦力」に該当すると見るのが、おそらく正当であろうが、政府は、自衛隊が武力組織であることは認めつつ、それは憲法九条二項にいわゆる「戦力」には当らない、として、自衛隊を合憲とする。（21～23ページ）

著書の中で宮沢は「軍備を全廃する。軍備がなければ、戦争は不可能である。こうしてはじめて世界平和の実現に少しでも寄与できると考える」とし、自衛隊については自衛隊法によって直接侵略及び間接侵略に対してわが国を防衛することを主たる任務と定義していることから「憲法九条二項にいう「戦力」に該当する」と明言した上で、政府が自衛隊を合憲としているという事実を書くに留まっています。

宮沢の本が出版された頃は砂川事件（後述）以前ですので、集団的自衛権などについての記述はありません。とにかく憲法九条一項の読み方について、文字通りの意味でしか読ませないということだけが書かれています。あまりにも内容が空虚なのでこれ以上取り上げるべきこともありません。

# 芦部信喜へのツッコミで憲法学者の軍事音痴ぶりを実証する

## 戦争の放棄について

宮沢俊義が東大憲法学部というカルト宗教団体の初代教祖であるなら、その弟子の芦部信喜元東大教授（以下敬称略）は二代目教祖だといえます。その芦部の著書『憲法』（岩波書店二〇一五年版）に書かれている憲法九条について解説をしていきます。

**第四章　平和主義の原理**

日本国憲法は、第二次世界大戦の悲惨な体験を踏まえ、戦争についての深い反省に基づいて、平和主義を基本原理として採用し、戦争と戦力の放棄を宣言した。

これまで、世界的に、さまざまの戦争廃絶の努力がなされてきた。その主要なものとしては、国際法には、一九一九年の国際連盟規約、一九二八年の戦争抛棄ニ関スル条約（不戦条約）、一九四五年の国際連合憲章などが存在し、また、憲法には、古くは一七九一年のフランス憲法に始まり、第二次世界大戦後の多くの憲法、たとえば一九四六年のフランス第四共和制憲法、四八年のイタリア共和国憲法、四九年のドイツ連邦共和国基本法（憲法と同義）、七二年の大韓民国憲法などで戦争放棄の規定が設けられた。しかし、これらはいずれも侵略戦争の制限ないし放棄にかかわるものにとどまっている。これに対して、日本国憲法は、第一に、侵略戦争を含めた一切の戦争と武力の行使および武力による威嚇を放棄したこと、第二に、それを徹底するために戦力の不保持を宣言したこと、第三に、国の交戦権を否認したことの三点において、比類のない徹底した戦争否定の態度を打ち出している。（54ページ）

芦部は著書の中で憲法九条について「比類のない徹底した戦争否定の態度を打ち出している」としています。最初の吉田答弁のように自衛戦争も含めて交戦権を否認していれば「世界に比類ない態度」だったかもしれませんが、主権国家として今日まで日本国が存続していたかは別問題になります。ここに書かれていることは歴史的事実を羅列しているだけで中身が全くありません。まず芦部は日本国憲法のいう戦争放棄は侵略戦争の放棄であることを無視しています。

### 1　戦争の放棄の内容　（一）戦争の意味

「国権の発動たる戦争」とは、単に戦争というのと同じ意味である。「戦争」は、宣戦布告または最後通牒（紛争の平和的解決のための交渉を打ち切り、最終的な要求を提示し、受諾拒否の場合は戦争または武力の使用など自由行動をとる旨述べた外交文書）によって戦意が表明され戦時国際法規の適用を受けるものを言う。広く、国家間における武力闘争のことを言う場合もある。「武力の行使」とは、そういう宣戦布告なしで行われる事実上の戦争、すなわち実質的意味の戦争のことである。満州事変、日中戦争などがこれにあたる。また、「武力による威嚇」とは、一八九五年の独仏露の対日三国干渉のように、武力を背景にして自国の主張を相手国に強要することである。九条一項は、このように、国際法上の戦争も、事実上の戦争も放棄し、あわせて、戦争の誘因となる武力による威嚇をも禁止したのである。（56〜57ページ）

戦争の定義について芦部は法的状態説でなく、実態説を採用しています。つまり、戦争は「戦時国際法規の適用を受けるもの」、武力の行使は「宣戦布告なしで行われる事実上の戦争」と記述しています。前者が国際法上の戦争、後者を事実上の戦争と記述しています。

| | 宣戦あり | 宣戦なし |
|---|---|---|
| 交戦あり | 戦争 | 事変（紛争） |
| 交戦なし | 戦争 | 平和 |

まず、「宣戦布告があり交戦している状態」を戦争、「宣戦布告がなく交戦もない状態」を平和と呼ぶことに異議を唱える人はいないと思います。芦部ら実態説の問題は「宣戦布告がなく、交戦している状態」も戦争だと定義していることなのです。

法的状態説の場合、これは「事変（紛争）」と呼びます。筆者はこの法的状態説を採用します。理由としては実態説の場合、「宣戦布告がされているにも関わらず、交戦がない状態」を説明することが出来ないからです。宣戦布告をして戦闘状態がないケースとしては、日露戦争の際にモンテネグロが帝政ロシアに同調して日本に宣戦布告をしたものの、日本と交戦することがなく、その後一〇〇年近く忘れていたということがありました。これも法的状態説では戦争状態だといえます。

余談ですが、日本の立場としては一九二二年にユーゴスラビアを国家承認する際に、日露戦争中の宣戦布告については戦争終結しているという解釈だったのですが、鈴木宗男氏が無理やり国会で質問をして自分が戦争を終結させたことにしています。外務省ではこのことを持って「二〇一二年戦争説」を取っていることから、日本の外務省は実態説でなく、法的状態説を取っていることが分かります。

こういった例外的事例が法律論ではおろそかにできません。何故なら、この事例は実態説が破綻しているという証拠になるからです。実態説の場合は、「宣戦布告をしていながら交戦していない場合」は国連憲章にのっとり存在しないという立場をとっていました。ところが、日本国のこの事例が国連憲章の事例を覆してしまったわけです。

(二) **九条一項の意味**

**もっとも、以上の戦争の放棄には、「国際紛争を解決する手段としては」という留保が付されている。従来の国際法上の通常の用語例(たとえば不戦条約一条参照)によると、「国際紛争を解決する手段としての戦争」とは、「国家の政策の手段としての戦争」と同じ意味であり、具体的には、侵略戦争を意味する。このような国際法上の用例を尊重するならば、九条一項で放棄されているのは侵略戦争であり、自衛戦争は放棄されていないと解されることになる(甲説)。これに対して、従来の国際法上の解釈にとらわれずに、およそ戦争はすべて国際紛争を解決する手段としてなされるのであるから、一項において自衛戦争も含めてすべての戦争が放棄されていると解すべきであると説く見解(乙説)も有力である。**(57ページ)

芦部は最初の戦争の定義を既に間違えている上で九条一項の解釈について解説をしています。「放棄されているのは侵略戦争であり、自衛戦争は放棄されていない(甲説)」「自衛戦争も含めてすべての戦争が放棄されていると解すべきであると説く見解(乙説)」と勝手に両論併記しています。

## 2 自衛戦争の放棄 （二） 九条二項の意味

甲説をとっても、二項について、「前項の目的を達するため」に言う「前項の目的」とは、戦争を放棄するに至った動機を一般的に指すにとどまると解し、二項では、一切の戦力の保持が禁止され、交戦権も否認されていると解釈すれば、自衛のための戦争を行うことはできず、結局すべての戦争が禁止されていることになるので、乙説と結論は異ならなくなる。これが通説であり、従来、政府もほぼこの立場をとってきた。

ただし、九条一項は侵略戦争のみを放棄しているとして、前述の甲説の解釈をとる一方で、二項については、「前項の目的を達するため」とは「侵略戦争放棄という目的を達するため」ということであり、したがって、二項は、侵略戦争のための戦力は保持しないとの意であり、また交戦権の否認は交戦国がもつ諸権利は認めないとの意を述べるにとどまると解する説もある。（57～58ページ）

勝手に両論併記をした上で、「二項では、一切の戦力の保持が禁止され、交戦権も否認されていると解釈すれば、自衛のための戦争を行うことはできず、結局すべての戦争が禁止されていることになるので、乙説と結論は異ならなくなる。これが通説であり、従来、政府もこの立場をとってきた」としています。

ここに書かれている政府の立場というのは朝鮮戦争が勃発するまでの警察予備隊が創設される以前の話をしています。この立場を採ると、朝鮮戦争を機に政府が解釈改憲をしたことになります。

**(二) 自衛戦争合憲説の問題点**

しかし、この説には次のような問題点がある。①日本国憲法には、六六条二項の文民条項以外は、戦争ないし軍隊を予定した規定がまったく存在しないこと、②憲法前文は、日本の安全保障の基本的なあり方として、「平和を愛する諸国民の公正と信義に信頼」するという、具体的には国際連合による安全保障方式を想定していたと解されること、③仮に侵略戦争のみが放棄され、自衛戦争は放棄されていないとすれば、それは、前文に宣言されている格調高い平和主義の精神に適合しなくなること、④自衛のための戦力と侵略のための戦力を区別することは、実際に不可能に近いこと、したがって、自衛戦争が放棄されず、自衛のための戦力が合憲だとすれば、結局、戦力一般を認めることになり、二項の規定が無意味になりはしないかという疑問が生ずること、⑤自衛戦争を認めているとするならば、なぜ「交戦権」を放棄したのかを合理的に説明できないのではないか、という疑問も出ること、などがそれである。(58ページ)

芦部は自衛戦争合憲説の問題点としていくつか愚にもつかない内容を列挙しています。「六六条二項の文民条項以外は、戦争ないし軍隊を予定した規定がない」から自衛戦争であっても違憲だとしていますが、一項でも入っていれば予定していると考えるのが普通で何がいけないのか全く分かりません。

他にも「『平和を愛する諸国民の公正と信義に信頼』するという、具体的には国際連合による安全保障方式を想定」という、つまりは他国に日本の命運を投げるということを記述しています。安保理常任理事国にソ連（当時）や中国という凶暴な隣国がいることを全く無視した内容だと言えます。

「仮に侵略戦争のみが放棄され、自衛戦争は放棄されていないとすれば、それは、前文に宣言されている格調高い平和主義の精神に適合しなくなる」――それはその通りなのですが、それでは国家を守る事ができません。ここまで来ると真面目に解説するのもバカバカしい内容になってしまいます。

「自衛のための戦力と侵略のための戦力とを区別することは、実際に不可能に近いこと」――吉田首相は最初この立場でいました。確かに文法構造上は全ての戦争は放棄したとしか読めませんが、朝鮮戦争が勃発するに至り、自衛戦争が合憲と政府の解釈改憲がなされています。芦部はさも客観的に書いているように見せて、実は自分の考えだけを書いているに過ぎません。

# 自衛権について

## 1　自衛権の意味

自衛権とは、通常、外国から急迫または現実の違法な侵害に対して、自国を防衛するために必要な一定の実力を行使する権利、と説かれる。そして、自衛権を発動するためには、①防衛行動以外に手段がなく、そのような防衛行動をとることがやむを得ないという必要性の要件、②外国から加えられた侵害が急迫不正であるという違法性の要件、③自衛権の発動としてとられた措置が加えられた侵害を排除するのに必要な限度のもので、つり合いがとれていなければならないという均衡性の要件、が必要であるとされる。

この意味での自衛権は、独立国であれば当然有する権利である。国連憲章五一条において、個別的自衛権として認められている（もっとも、これは本来、国連が必要な措置をとるまでの応急措置として認められているもので、その発動、適用範囲については右に述べたような厳しい要件に服する）。日本国憲法でも、このような自衛権まで放棄したわけではない（＊）。しかし、自衛権が認められているとしても、それにともなう自衛のための防衛力・自衛力の保持が認められるかどうかは、後述するように、重大な争いのあるところである。

**＊集団的自衛権　自衛権には、個別的自衛権と国連憲章で新しく認められた集団的自衛権の二つがあるが、後者は、他国に対する武力攻撃を、自国の実体的権利が侵されなくても、平和と安全に関する一般的利益に基づいて援助するために防衛行動をとる権利であり、日本国憲法の下では認められない。日米安保条約の定める相互防衛の体制も、日本の個別的自衛権の範囲のものだ、と政府は説いてきている。**（59〜60ページ）

芦部は「国連憲章五一条において、個別的自衛権は認められている」としていますが、前述したように国連憲章は個別的自衛権と集団的自衛権の両方を認めているにも関わらず、その原文を引用していないという悪質な書き方をしています。

芦部は著作の中で「日米安保条約の定める相互防衛の体制も、日本の個別的自衛権の範囲であるものだ、と政府は説いてきている」としています。芦部が政府の説明だとしている文章を引用します。

**政府は、日本の施政下にある領域におけるアメリカの基地に対して攻撃がなされた場合に、日本が防衛行動をとりうる理由として、そのような攻撃は日本の領土侵犯であり、日本に対する攻撃に他ならないのであるから、それに対処する行動は個別的自衛権の行使である、と説明してきた。**（68ページ）

芦部の説明では、政府のどこの誰がいつ誰に向かって説明したのかという「５Ｗ１Ｈ」が全く書かれていません。これは昭和二九年四月二六日、参議院外務委員会と昭和三五年四月二〇日衆議院内閣委員における政府答弁等を指すと思われます。

わが国が国際法上、国連憲章第五一条に定める個別的自衛権及び集団的自衛権を有していることは疑いないが、わが憲法の下で認められる自衛権は、わが国に対する急迫不正な侵害に対し、これを排除するためにとられる必要最小限のものであるから、個別的自衛権に限られる。すなわち、わが国は、憲法上、集団的自衛権を認めていない。仮にわが国と密接な関係にある他国が攻撃を受けた場合においても、わが国自身に対する攻撃がないにもかかわらず、これをわが国に対する攻撃があったものとみなして、その他国を武力をもって防衛するという意味における集団的自衛権の行使は、わが憲法の認めるところではないと考える。（『防衛用語辞典』国書刊行会）

この政府答弁から分かるのは、日本にまともな防衛政策をとらせないための何重もの縛りと鉄の意志だけがあるということです。

## 戦力について

芦部は著書で以下のように戦力の意味を定義しています。

**（1）最も厳格な解釈は、戦争に役立つ可能性のある一切の潜在的能力を「戦力」だとする説である。それによると、軍需生産、航空機、港湾施設、核戦力研究などの一切が戦力に該当することになり、戦力の範囲が広がりすぎるきらいがある。**

**（2）通説は、戦力とは、軍隊および有事の際にそれに転化しうる程度の実力部隊であると解している。軍隊とは、外敵の攻撃に対して実力をもってこれに対抗し、国土を防衛することを目的として設けられた、人的・物的手段の組織体を言う。**（60〜61ページ）

（1）の場合においては軍需生産、航空機、港湾施設、核戦力研究なども戦力に該当するとされています。（2）の場合は前述した木村篤太郎保安庁長官が作ろうとした反共抜刀隊は該当するのでしょうか（苦笑）。

続けて芦部は軍隊と警察の違いについて説明をしています。両者の相違点を以下の二点としています。

なお、この点に関連して、軍隊と警察力との違いが問題となるが、両者の相違点としては、①その目的が、軍隊は外国に対して国土を防衛することにあるのに対して、警察力は国内の治安の維持と確保にあること、②その実力内容が、それぞれの目的にふさわしいものであること、の二点を挙げることができる。つまり、軍隊とは、具体的には、組織体の名称は何であれ、その人員、編成方法、装備、訓練、予算等の諸点から判断して、外敵の攻撃に対して国土を防衛するという目的にふさわしい内容をもった実力部隊を指す。

この解釈を一貫させていけば、現在の自衛隊は、その人員・装備・編成等の実態に即して判断すると、九条二項の「戦力」に該当すると言わざるをえないであろう（＊）。

（61ページ）

芦部の定義の場合、ロシアの内務省、国境警備隊など明らかに侵略戦争をする能力があるのですが、これらをどのように定義するつもりなのでしょうか。日本の憲法学者がいかに軍事音痴であるかを表す一例です。

芦部は自衛隊を九条二項の戦力に該当するとしています。日本国憲法学の発想でいえば確かにそうなのですが、本来の軍事的な意味での軍隊の要件を自衛隊は満たしていません。詳細は小著『軍国主義が日本を救う』をご参照下さい。自衛隊は軍隊のような警察であって、軍隊だとはいえないのです。

**＊「武力なき自衛権論」　本文に言う結論をとれば、自衛権はあると言っても、その自衛権は、外交交渉による侵害の未然回避、警察力による侵害の排除、民衆が武器をもって対抗する郡民蜂起、などによって行使されるものにとどまる、ということになる。**（61ページ）

憲法九条がまともでないので、どこまでいってもまともな解説が出てくるわけがない好例だといえます。外交交渉によって侵害の未然回避ができるのであれば、今なお北朝鮮によって拉致をされている拉致被害者とその家族はどうなるのでしょうか。日本はむりやり理由を見つけては戦争をせずに、外交交渉を続けていますが、今でも北朝鮮によって拉致をされ日本へ帰ってこない人が何百人といます。

その北朝鮮は頻繁にミサイル発射実験を行っていますが、警察がミサイルの迎撃やミサイル基地の攻撃をする能力と法的整備がされているのでしょうか。そして、民衆が武器を持つということは、国際法上はゲリラに区分されるため、一部の日本人が武装蜂起をした時点で日本人全体がゲリラと見なされ、無差別に民衆を殺傷する大義名分を敵国に与えることになるのですが、それをどう考えているのでしょうか。

芦部の理屈で日本を防衛するとすれば、日本が他国からスーツケース核爆弾を輸入（研究すると〝戦力〟に当たるため核開発は除外）して警察と民衆がそれぞれ保有するしかないという下らない話にしかなりません。

**自衛隊は違憲状態にあるが、自衛権がある以上、「攻撃的な装備、作戦をもたず、通常の警察・消防では対処できない災害や紛争に対処するための自衛組織である最小限防御力」の域をでない軍事力の保有は許される、という説もある。この説は、政府の解釈に限りなく近づく。**

**（3）政府は、憲法制定当初は、この学界の通説と同じ解釈に立っていた。一九五〇年（昭和二五年）朝鮮戦争の勃発を機に総司令部から七万五〇〇〇人から成る警察予備隊の創設を要求されたが、その時点で、政府は、警察予備隊はあくまでも「警察」を補うものであるという理由で、合憲であると説明していた。その前提には、「戦力」とは警察力を超える実力部隊を意味するという解釈があった。**

**ところが、昭和二七年に警察予備隊が保安隊と警備隊に改組・増強されたことにともなって、政府の解釈が変更され、「戦力」とは、近代戦争遂行に役立つ程度の装備・編成を備えたものであるとされるに至った。（傍線：筆者による）**（61〜62ページ）

芦部は政府が戦力の定義について解釈改憲をしていると説明しています。芦部信喜は従来、解釈変更は芦田修正による一度しか行われていないという立場なのですが、自身の記述内容と矛盾していることに気づかなかったのでしょうか。

**そして、保安隊・警備隊のような近代戦争遂行能力をもたない実力組織は戦力にあたらず、合憲であると説明された。これは、警察力と戦力の中間に、そのいずれにも属さない（したがって憲法に違反しない）実力部隊がありうる、という考え方である。**

（62ページ）

これは、その通りで結局、自衛隊は自衛隊であって、警察と軍隊の中間的な位置づけという概念は正しいです。しかし、自衛隊のことに詳しくなったとしても軍隊はもちろん警察のことも理解できない――そういう組織なのです。こういう一〇〇％間違いではないが当たらずとも遠からずということを護憲派の人は主張するので困ってしまいます。改憲派が「護憲派は一〇〇％間違えている」と批判をしますが、一〇〇％間違っているわけではないからこそ余計にたちが悪いことを分かっていません。

その後、昭和二九年に日米相互防衛援助協定（Mutual Security Act＝MSA協定）が結ばれ、日本は防衛力を増強する法的義務を負うことになり（八条）、それを受けて自衛隊法が制定され、保安隊・警備隊は自衛隊へと改組された。自衛隊の任務は、主として「わが国の平和と独立を守り、国の安全を保つため、直接侵略及び間接侵略に対し我が国を防衛すること」（自衛隊法三条）とされ、防衛目的が正面から掲げられるに至った。そこで、自衛隊は軍隊ではないかが国会で激しく論議された。

このような動きに対応して、昭和三〇年ごろから、政府は、より積極的な解釈をとるようになり、それがその後の政府の公定解釈となっている。それによると、自衛権は国家固有の権利として、憲法九条の下でも否定されていない。そして、自衛権を行使するための実力を保持することは憲法上許される。つまり、自衛のための必要最小限度の実力は、憲法で保持することを禁じられている「戦力」にあたらない、というものである。ここに言う「自衛のための必要最小限度の実力」とはいかなるものかは必ずしも明確ではないが、政府はそれについて、他国に侵略的な脅威を与えるような攻撃的武器は保持できないと説明してきている。（傍線：筆者による）（62〜63ページ）

自衛権行使の三要件のひとつである「必要最小限度」というものが鳩山内閣からの公定見解だということと、政府が解釈改憲をしているとここでも芦部は記載しています。

「他国に侵略的な脅威を与えるような攻撃的武器は保持できない」とは、オネスト・ジョンのような核弾道搭載の地対地ロケット弾の保有なら良いのでしょうか。小型でも核兵器はダメなのかという話や、サイバー戦という新たな概念が生まれている現代では、パソコンが兵器にもなりうるのですが、パソコンを持つことは他国への脅威にならないのでしょうか？　という下らない議論にしかなりません。

### 3　自衛力・自衛権の限界

**かつて政府は、防衛的な小型のものであれば、保有することは憲法上可能である、しかし、政策として非核三原則により保有しないこととしている、と説いた。**（63ページ）

芦部説によれば、核兵器保有の権利はあるとしています。政策によって禁止をしているという立場をとっています。

自衛権の範囲については以下のように解説しています。

**政府は、わが国に急迫不正の侵害が行われた場合に、他にやむを得ない措置として、相手国の基地を攻撃することは、合理的な自衛の範囲に含まれるとしてきた。**（64ページ）

これは昭和三一年二月二九日、衆議院内閣委員会における鳩山首相答弁（船田防衛庁長官代読）の内容です。また、これと同様に敵基地攻撃の法理については平成一五年七月一五日の石破茂防衛庁長官の答弁によっても「専守防衛の考え方とが、矛盾するとは考えていない」と確認されています。

芦部は続けて自衛隊の海外出動の問題があるとしています。ここで問題となるのは芦部が集団的自衛権と国連活動の区別がついていないことなのです。普通の国であれば国連活動は集団的自衛権の行使にはあたりません。なぜなら、ＰＫＯを始めとする国連活動は国連内という敵国のいない領域での活動であって、自衛権の行使とは全く異なるからです。

**憲法上の根拠はないが、国連決議に基づいて行われる国連平和維持活動（Peace Keeping Operation ＝ ＰＫＯ）のうち、通常武力の行使を伴う平和維持軍（ＰＫＦ）はもとより、原則として武力行使をともなわない停戦監視団についても、武力行使と無縁とは言い切れないので、政府は、参加は憲法上許されないわけではないとしつつ、自衛隊法上は自衛隊にこのような任務は与えられていないとして、日本に対する自衛隊の派遣要請を拒否し、経済的援助ないし選挙監視団への文民参加など他の側面で国連に協力してきた。**（64～65ページ）

ＰＫＯ活動を行うことがＰＫＦなので、このふたつをわざわざ分けて記載する必要がまったくありません。この辺りも憲法学者が軍事音痴であることをさらけ出しているといえます。

軍事を知らないからこそ、集団的自衛権が何なのかも理解していません。集団的自衛権には他国への自国領内の基地を提供することや交戦当事国への資金提供も含まれます。ところが、芦部はこれら普通の国では集団的自衛権にあたる行為を個別的自衛権だと言いはっています。日米安保条約に基づく在日米軍基地の提供を個別的自衛権で説明しているということは、湾岸戦争における連合国への資金提供も個別的自衛権で説明するつもりでしょうか。全く実態を伴わない説明にしかなりません。

余談ですが、湾岸戦争の際に日本は「金だけ出して血を流さない」ということが批判されました。欧米人の認識では「一番卑怯で悪辣な強い国」が行うのが金だけ出して血を流さないという行為だとされています。過去、金だけ出して血を流さない介入を行ったのは、フランスのリシュリュー枢機卿による三十年戦争への介入、イギリスのウィリアム・ピット首相の七年戦争への介入、そして、日本の海部俊樹首相の湾岸戦争での資金援助の三つくらいです。

リシュリューとピットはそれぞれの国で史上最強の総理大臣との呼び名の高い人物ですが、ソ連崩壊の際に北方領土を取り返すこともせず傍観していた海部はこれと同等ということになってしまいます。さらにリシュリューとピットは最終的には他国の戦線に介入することになるので、最後まで軍事介入をしなかった海部俊樹はその二人よりも悪辣で強い首相ということになってしまいます。ぜひ、後世の歴史書では「日本は負けたふりをしていただけで悪辣な悪い国だった」と書かれるようになってほしいです。

## 交戦権について

**四　交戦権の否認**

**憲法九条二項は、「国の交戦権は、これを認めない」と定める。ここに言う交戦権の意味については、①交戦状態に入った場合に交戦国に国際法上認められる権利（たとえば、敵国の兵力・軍事施設を殺傷・破壊したり、相手国の領土を占領したり、中立国の船舶を臨検し敵性船舶を拿捕する権利）と解する説と、②文字どおり、戦いをする権利と解する説とがあり、両者を含むという説もある。**（67ページ）

芦部は①と②に分けて解説をしていますが、とんでもないことです。①は国際法上認められている権利内での行動であり、対して②の方が広い概念ですが、①以外のこととなると戦時国際法に反することなので、非戦闘員を殺傷する無差別大量破壊兵器を使用するなどしかありません。つまり、②説は国際法順守と国際法無視という意味なので愚かな内容としか言いようがありません。

そもそも、仮に憲法で②説を認めたとしても、歴史的に確立された慣習である戦時国際法を破ることは出来ないし、仮に破ったのであれば地球上で文明国として扱われなくなるので、まず破ることは論外なのです。

よって、憲法解釈上は①説以外に解釈のしようがないので、無理やり二つの説を並べる必要が全くありません。前述したように芦部は「武力なき自衛権」で「民衆が武器をもって対抗する郡民蜂起」と唱えているので、②説は国民総ゲリラ化しての非正規戦でも想定しているのでしょうか。

### 五　安保体制

**アメリカが日本に基地をもつ目的は、日本の防衛にとどまらず、極東の平和と安全の維持にあるが、在日アメリカ軍が極東の平和と安全のために活動した場合に、「極東」の範囲が必ずしも明確でないこと（後略）**（69ページ）

それはそうなのですが、そもそも軍事行動の地理的範囲を条文で縛るということが軍事的にナンセンスとしか言いようがありません。

例えば、イラク戦争で日本がインド洋に海上自衛隊のイージス艦を派遣しましたが、その根拠となる「旧テロ対策特別措置法」「旧補給支援特別措置法」でいう「インド洋」の範囲はマダガスカル島までを指しています。アフリカ大陸に上陸しては駄目だけど、そこまでなら良いというデタラメに広大な範囲を指しています。

後述しますが、結局は日本の有事法制が許可事項列挙型のポジティブリスト制度であるために、行動が許可される内容を全て法律で書かなくてはなりません。そのため、上記のように一事が万事、法律の用語の意味を覚えて、何が出来るかを把握していないとならないので、誰にも理解できない法体系となってしまっています。

芦部は文中で日本が米軍の後方支援を行うことについても触れているのですが、そもそも「後方」の意味を正しく理解をしていません。

一般的に前線が交戦状態にある地域で後方がそれ以外という位置関係で捉えられがちなのですが、これは正しくありません。位置関係でなく「任務の内容」となります。「前線」とは戦闘部隊であり、「後方」はロジスティクス（兵站等）をさします。なので、どの位置にいようと前線と後方は存在します。

そのため、本来は後方の方が前線よりも危険なのです。なぜなら強力な武器を持つ実力部隊に対してよりも、無防備なところから攻めかかるのが戦争の定石だからです。しかも、敵の後方が壊滅・弱体化すれば敵の前線部隊も弱体化するので一石二鳥なのです。

ですから、「後方地帯」とさも安全地帯があるかのような表現はミスリードで、軍事のことを全く理解していないとしか言いようがありません。

## 砂川事件

芦部は安保条約の問題点として在日米軍の合憲性についても解説をしています。その中で砂川事件について取り上げています。

砂川事件とは一九五七年、東京・立川市にあった在日米軍基地の飛行場の拡張工事を始めた際に、反対派のデモ隊が不法侵入して、旧安保条約に基づいて起訴された事件をいいます。

在日米軍基地は大使館と同じく、外国と同じ扱いを受けます。普通の外国人の民家ならばただの不法侵入ですが、大使館と同じなので「侵略」になってしまいます。

余談ですが、名作少女漫画『パタリロ！』（魔夜峰央）では国王のパタリロがウサギ取りのように大使館の中に無理やり連れ込んで「一歩でも立ち入ったな！　侵略だ！」と言って「侵略に対して五万円を請求する」というように身代金を要求して小遣い稼ぎをするというシーンがありましたが。

つまり、在日米軍基地への侵入は通常の刑法ではなく日米安保条約の行政協定に基づく特別刑法によって裁かれることになります。

この事件では「在日米軍基地にデモ隊が侵入した」という事実関係は争いようがありません。

そこで被告側の弁護団が言い出した論法は「そもそも日米安保条約や在日米軍は日本国憲法に違反している存在なので無効であり、地位協定も無効だから、特別刑法も無効、よって無罪」という左翼がよく使う裁判闘争の方法です。一番上の上位法の日米安保が憲法違反だから下位法は全部無効だという乱暴な論法でした。ところが、一審は被告側が勝利してしまいました。

東京地裁の伊達秋雄裁判長が「そのとおりだ！」と言って日米安保を憲法違反だとしてしまいました。もしも確定してしまいますと、日米安保が無効になり、在日米軍が引き上げないといけなくなってしまうのですが、そうなると東西冷戦の真っ只中で地球の軍事バランスが崩れてしまうという冗談のようなことが起きてしまいます。

まさか、日本の一介の地裁の判決で地球の軍事バランスを崩すことは出来ませんので、政府は高裁を飛ばして最高裁へ跳躍上告することになりました。そこで世にも恥ずかしい砂川判決が下ることになりました。

**砂川判決**

**憲法第九条は日本が主権国として持つ固有の自衛権を否定しておらず、同条が禁止する戦力とは日本国が指揮・管理できる戦力のことであるから、外国の軍隊は戦力にあたらない。したがって、アメリカ軍の駐留は憲法及び前文の趣旨に反しない。他方で、日米安全保障条約のように高度な政治性をもつ条約については、一見してきわめ**

**て明白に違憲無効と認められない限り、司法裁判所の審査には、原則としてなじまない性質のものである、と判示し、原判決を破棄・差し戻した。**

砂川判決の内容ですが、「憲法九条は無抵抗を意味しない。当然、自衛権は保持している」ここまではまともです。憲法九条が非暴力・無抵抗を謳っているわけではないとしています。また、他の国とともに自衛権を行使することができるので集団的自衛権の行使を認めています。現在の安倍政権でもこの解釈を踏襲しています。

問題はここからです。日本に駐留する他国の軍隊は憲法九条のいう戦力に当たるかという問いに対しては「あたらない」、安保条約は憲法違反かという問いには「一見してきわめて明白に違憲無効と認められない限り」。つまり分からないとしています。安保条約を裁判所が憲法違反と言っていいのかという問いに対しては「司法裁判所の審査には、原則としてなじまない性質のもの」、すなわち、そんな大それたことは判断できません。つまり、在日米軍は日本国憲法を守るためにいる、在日米軍は日本の平和主義のためにいるという世にも恥ずかしい内容です。

アメリカ様がいるから日本国憲法が守られているという恥の極みのような判決に自民党の高村副総裁や稲田政調会長が寄りかかり、安倍首相は横畠法制局長官にそれを明言してもらう始末です。

なお、この裁判では検察が威信をかけて一審の判決を無効にするために、一審から最高裁まで跳躍上告しました。普段、何年も時間をかけてダラダラと裁判をしている最高裁判所がこの時は一年という異例の早さで判決を出したのです。

二〇一三年に元山梨学院大学法学部の布川玲子教授の申請によりアメリカが公文書公開をして、当時マッカーサー駐日大使が田中耕太郎最高裁長官を大使館に呼んで圧力をかけていたことが分かりました。こんな判例を金科玉条にするのはあまりにも恥ずかしいとしか言えません。

## 筋金入りの護憲派・浦部法穂の綺麗事を暴いてみる

### 平和主義について

浦部法穂早稲田大学教授（以下敬称略）の『憲法の本』（共栄書房　二〇一二年）を元に解説をしていきたいと思います。この本は表紙のカバーが憲法前文デザインなのですが、浦部はそのイメージ通りの筋金入りの護憲派で、規約には「護憲」と書かれている「全国憲法研究会」の会長を歴任されています。ちなみに後述する長谷部恭男氏もこの会の事務局長を歴任されていました。

**決して、日本だけが「平和」であればいいという「一国平和主義」を言っているのではなく、むしろ、日本が先頭に立って、全世界の平和と人権を守るための具体的行動を起こし、積極的に世界平和を追求するということを意味しているものである。**（24ページ）

浦部は憲法九条の意味をこのように言っていますが、どうぞご勝手にそう思ってくださいとしか言いようがない内容です。

**平和への念願や、その具体化のために戦争放棄を定めるといったことは、諸国の憲法や国際条約に、例がないわけではない。既に、一七九一年のフランス憲法は、「フランス国民は征服の目的をもって、いかなる戦争をも行うことを放棄し、また、いかなる人民の事由に対しても、武力を行使しない」と定めていた。**（24ページ）

前述した芦部信喜をはじめ護憲派の人はよく憲法九条を「世界に比類なき平和主義」などと言いますが、浦部の説明によると日本国憲法より前に諸外国や国際機関が平和主義を実行しています。

**日本国憲法は、これらの国際条約や諸国の憲法よりもさらに一歩進んで、戦争放棄を現実のものとするための軍備廃止を宣言している点で、徹底した平和主義に立っているといえる。この点に、日本国憲法の平和主義の世界史的な意義があるのである。**（24ページ）

言うのは勝手なのですが、法律の概説書とは思えない内容です。宗教書でしょうか。

（3）平和的生存権〜平和を人権の問題と位置づける

日本国憲法の平和主義の重要な意義は、全世界の国民が「恐怖と欠乏から免かれ、平和のうちに生存する権利」（平和的生存権）を有することを確認した点にも見出すことができる。（中略）

日本国憲法の「平和的生存権」の考え方は、「平和」というものを、単に戦争や武力衝突がない状態というだけでなく、軍備ももたず、また、あらゆる「恐怖と欠乏」から免れた状態としてとらえている。戦争や軍隊という「なまの暴力」だけでなく、貧困・飢餓・抑圧などの『構造的暴力』もない状態、それが日本国憲法の想定する「平和」なのである。（25〜26ページ）

浦部はいろいろと解説をしていますが、長沼判決で「憲法前文は裁判規範ではない」と明言されており、それを金科玉条に掲げる意味があるのかは疑問であります。

**長沼事件**

防衛庁が北海道長沼町の保安林にミサイル基地を建設しようとしたところ、それに反対する地元住民が、基地建設のために保安林の指定を解除した処分の取消しを求め

**て争った事件で、自衛隊の合憲性が焦点となった。**

長沼事件とは保安林の指定解除が憲法違反だとして争った事件なのですが、憲法のどこに違反するかというと前文の「平和のうちに生存する権利」というのを持ちだして一審判決では、自衛隊が憲法九条に言う「戦力」に該当して違憲であると判示しました（札幌池判昭和四八年）。

ところが、二審になると「自衛隊の存在等が憲法九条に反するかどうかの問題は「統治行為」（本来は裁判の対象となりうるが、高度に政治的な行為である等の理由により、司法審査の範囲外に置かれる行為。「政治問題」ともいう）に属し、それが一見きわめて明白に違憲、違法であると言えない場合には、司法審査の範囲外にある、と判示した（札幌高判昭和五一年）」としました。要は憲法前文は裁判規範性を否定した判例となっています。（傍線：筆者による）

その後、この裁判は最高裁で門前払いをされたため、日本国の公式見解として「日本国憲法前文は裁判とは関係ない」平易に言うならば「本気にしないで」ということになっています。つまり、憲法前文は日本国と関係のない話であり、前文を削除してもなんら差し支えない内容だとここでは言っているのです。

### （1）戦争を放棄する

日本国憲法第九条一項において、戦争と武力の行使および武力による威嚇をいっさい放棄することを宣言した。つまり、ここでは、形式がどうであれ実質的な戦争いっさいが放棄され、また、戦争の引き金ともなる武力による威嚇も全面的に放棄されたのである。（中略）

歴史的に、侵略戦争もほとんどすべての場合に自衛の名において行われてきた点を考えれば、侵略戦争・自衛戦争という区別自体が意味をなさないと考えるべきであろう。「国際紛争を解決する手段としての戦争」は自衛戦争を含まないという、不戦条約以来の国際法上の解釈は、もともと、戦争違法化の国際世論のなかで、自衛という名目で戦争を可能とする「抜け道」を作るために、戦争を政策の重要な手段とする大国によって主張されたものであり、論理的な合理性をもった解釈ではない。したがって、日本国憲法第九条を、これに従って解釈しなければならないという必然性はない。日本国憲法は自衛戦争を含めていっさいの戦争を放棄した、と解すべきである。（26〜27ページ）

右の文章からは「戦争」を実態説で取っていることが分かります。「〜と解すべきである」というのは裁判の判例でよく使われる言葉で、その場合理由が記されていないことがほとんどなので、浦部の場合は一応理由が書いてあるだけマシといえます。ともかく日本の安全保障などは関係なく、憲法九条の内容を真に受けている内容だといえます。

（２）戦力を一切保持しない

憲法九条二項は、一項の目的を達するため、陸海空軍その他の戦力を保持しない、と定めている。戦力とは、外的と戦うことを任務として設けられた人的および物的手段の組織体（軍隊）および有事の際にそれに転用できる程度の実力部隊のことである。警察も実力部隊であるが、それは国内の治安維持を任務とするものであり、その点で、「戦力」とはいちおう区別される（もちろん、それが、外的との戦闘に転用できる程度の実力を備えれば「戦力」にあたる）。（27ページ）

要は強ければ駄目だという凄い発想になっています。

**自衛権について**

自衛のための戦力は持つことができる、という解釈が成り立ちそうにみえる。しかし、「自衛のための戦力」か「侵略のための戦力」かは、戦力自体で区別することはできない。（中略）だから、「自衛のための戦力」はもつことができるという解釈は、結局、どんな戦力でももつことができるといっているのと変わりがなく、九条二項をまったく無意味な規定にしてしまう。九条二項は、文字どおり一切の戦力の保持を禁じているとしか解釈できないのである。かりに九条一項が放棄したのは侵略戦争だけだと考えたとしても、侵略戦争放棄という目的を達するためには、一切の戦力の保持を禁ずるのが最も実効的であることはいうまでもないから、九条二項について、一切の戦力の保持が禁じられていると解することと、なんら矛盾は生じない。（28ページ）

京大学派の「自衛権は当然に保有する」という立場に真っ向から喧嘩を売っている論調です。まさに憲法の条文を小学生の国語的な読み方をしている本物の日本国憲法学者だといえます。

こういう教条主義的な憲法学者は、自衛権を認める内閣法制局を許せないのです。さながら「僕達の九条をなんだと思っているんだ！」というところでしょうか。

これまでの政府見解は、九条二項が一切の「戦力」の保持を禁じているということは前提にしつつも、（中略）この政府見解では、「自衛力」と「戦力」をどう区別するのかが、いちばんの問題となる。この点について、政府は、それは国力・国際情勢・科学技術の進歩などに応じて変わる相対的なものだ、という説明をしてきた。しかし、これでは、区別できないというのと変わりがない。「自衛力」と「戦力」を区別するという論法自体が、そもそも成り立ちえないものなのである。（28〜29ページ）

浦部は全ての戦力を放棄しろと主張しています。現実的に正しいかどうかは別にして一応、筋は通っています。筋が通っているだけで、これでいいかどうかは全く別問題ですが。ここまでくると護憲派憲法学者とは「カルト宗教の原理主義者」だと考えたほうが正確だといえます。

**4 「国家の安全保障」から「人間の安全保障」へ （1） 安全保障の新しい考え方**

**日本のいまの現実は、憲法の「平和主義」をますます空洞化し、これまで守ってきた一線をいとも簡単に踏みこえ、よりいっそう軍事力に頼る方向に進んでいる。**（36ページ）

浦部の中ではそうなのでしょう。

**しかし、世界の動向は、必ずしもそうではない。むしろ、軍事力に頼った「国家の安全保障」ではなく、「人間の安全保障」という観点から安全保障の問題を考えるべきだ、という考え方が、すくなくとも一つの大きな世界的潮流となっているのである。軍事力にものをいわせたアメリカの世界政策ばかりが世界全体の動きではないということを、私たちは正しく認識しなければならない。**

**「人間の安全保障」（Human Security）という新しい安全保障の考え方は、『国連開**

発計画（ＵＮＤＰ）』が一九九四年の報告書ではじめて提唱したものである。（中略）しかし、「多くの人にとって安全とは、病気や飢餓、失業、犯罪、社会の乱轢、政治的弾圧、環境災害などの脅威から守られることを意味している」。（37ページ）

浦部はここまで主張するならば、人権の抑制をされている北朝鮮の拉致被害者を「人間の安全保障」とやらでぜひとも取り返して欲しいものです。護憲派というのは必死に戦争をしない理屈を並べ立てて、綺麗事を言いながら拉致被害者を見捨てているに過ぎません。

「平和的生存権」でも「貧困・飢餓・抑圧などの『構造的暴力』もない状態」などと言うのは勝手ですが、彼ら護憲派の憲法学者が一度でもデフレ脱却のために日銀法を改正しろと言ったことはあったのでしょうか。彼らがデフレによる経済苦を理由に毎年一万人以上もの人が自殺をしていたことに対して何かしたことが一度でもあったとは、筆者は寡聞にして知りません。日本国内で失業による困窮で死ななくてもいい人がいるのに対して、一体何をしたというのでしょうか。結局、彼らの言っていることが綺麗事でしかないという証拠です。

ちなみに、リフレ政策とはヨーロッパの左翼の政策でした。金融緩和を行うことで多くの国民に恩恵がある一方で、物価の上昇により現金預金を多く持つ富裕層の資産が目減りする事を意味するので、ヨーロッパでは金融緩和は弱者のための政策だといわれています。なお、ヨーロッパの左翼は日本の保守よりも右翼な愛国心を持っている人たちなのですが。それはともかく、この左翼の政策のはずのリフレ政策を一度でも支持したことが彼らはあったでしょうか。現在、アベノミクスにより失業率は改善してきました。これこそが「人間の安全保障」のはずなのに、護憲派憲法学者からはアベノミクスを評価する声を聞きません。彼らのお題目が実にご都合主義なものであることを表している一例だといえます。

**(2) 日本国憲法と「人間の安全保障」**

**じつは、日本政府は、この「人間の安全保障」を日本外交の一つの柱と位置づけている。しかし、その一方で、ますます軍事力に頼る政策が着々と進められている。このことの矛盾を、日本政府はまったく意識していないようである。日本政府は、「人間の安全保障」という考え方を、全然正しく理解していないとしかいいようがない。本当に「人間の安全保障」を追求するというのであれば、まずもって憲法九条のウソ偽りのない実現こそが求められるのであり、そうではなく、アメリカに追随して軍事的協力をどんどん推し進めるなかで「人間の安全保障」をいってみても、誰からも信用されないであろう。**（39ページ）

ここまで本書を読まれた読者の方は、上記の浦部の主張を見てどう思われるでしょうか。浦部の主張は彼の理屈上では筋が通っているけど、それだけだといえます。

## 高橋和之の論から導くポジティブリストとネガティブリストの違い

高橋和之東大教授（以下敬称略）の『立憲主義と日本国憲法　第三版』（有斐閣　二〇一三年）をもとに解説をしていきます。

**1　立憲主義との順接**

**立憲主義にコミットしているほとんどの諸外国は、日本のような戦争放棄条項をもっていない。その意味で、戦争放棄は日本の特殊性を表現している。もっとも、象徴天皇制が立憲主義と対立する可能性を秘めた日本の特殊性であるのに対し、戦争放棄は立憲主義と順接する可能性の高い特殊性である。**（50ページ）

立憲主義のことを人権の尊重だと言った上で上記の説明をしています。このへんは単に自分の好き嫌いの話をしているだけなので、中身はありません。

**2　憲法九条の制定経緯と初期の解釈学説　（1）九条制定の発端**

**日本国憲法九条の直接的な起源は、通常、マッカーサー・ノートの第二原則に求め**

られる。そこには、「国権の発動たる戦争は、廃止する。日本は紛争解決の手段としての戦争、さらに自己の安全を保持するための手段としての戦争をも、放棄する」旨が記されていた。（51ページ）

ここに意図的な誤訳があります。「国権の発動たる」とは原文では「sovereign right of the nation」と記されており、「主権の発動」のことです。

3　自衛隊の創設と有事法制の確立　（ア）警察予備隊から自衛隊の創設へ

政府による九条解釈の転機は、一九五〇年の朝鮮戦争の勃発により生じた。日本に駐留していた軍隊を朝鮮に派遣する必要に迫られた総司令部は、駐留軍に代わって日本の治安・防衛にあたるために七万五千人から成る「警察予備隊」の創設を日本政府に要求してきた。この警察予備隊が憲法の禁ずる「戦力」にあたらないかが問題となったが、政府はこれを戦力に至らない警察力にとどまると説明した。これに納得できなかった当時の社会党委員長が警察予備隊は憲法違反だと主張して直接最高裁に提訴した（警察予備隊違憲訴訟）が、最高裁はこのような抽象的憲法訴訟を受理する権限はないとしてこれを却下した。（53〜54ページ）

警察予備隊が出来た際に社会党左派の鈴木茂三郎委員長が、いきなり最高裁判所に憲法違反だと訴状をもって行ったところ、最高裁に「事件になってないのに受け取れません」と門前払いされたという出来事がありました。

この小話は、日本の憲法判断の制度に大きな欠陥があることを示唆しています。この事を理解するためには、日本の司法制度を知る必要があります。憲法判断に関わる司法制度は、大きく分けてアメリカ型とドイツ型の二種類があります。

アメリカ型は憲法判断が最高裁（連邦最高裁判所）に一元化されています。ドイツ型では憲法裁判所が判断をします。ドイツ型の場合、普通の裁判所は事件を審査するだけで憲法判断は行わない代わりに、憲法裁判所は事件の有無に関わらず憲法判断を行うようになっています。帝国憲法では枢密院が憲法判断を行っており、イギリスの貴族院に近い制度だといえます。

ともかく、憲法判断を最高裁で行うか、最高裁以外の機関で行うかという二択になります。これはごく当たり前の話で、アメリカの場合は連邦最高裁判所しか憲法判断を行う機関がないのでそこで行います。ドイツの場合は、最高裁と別に憲法裁判所があるので、最高裁は憲法判断をしないという運用になっています。

翻って日本国憲法はアメリカ型の制度でドイツ型の運用を行っている状況なのです。つまり、憲法判断が出来る機関が最高裁判所しかないアメリカ型の制度であるにも関わらず、最高裁が「私どもでは判断できません」と憲法判断をしない運用になっているのです。

警察予備隊違憲訴訟によって、「最高裁は憲法裁判所でないので憲法判断をしない」「具体的な事件がないと憲法判断はしない」ということが判明しました。では、誰がどのように憲法判断を行うようになったかというと、内閣法制局が好き勝手にしていくことになったのです。

芦部憲法学というのは、最高裁が憲法判断をしなくても良いという屁理屈を片っ端から並べていきました。誤解なきように付け加えると、並べただけで体系化すらしていません。

余談ですが、この時の警察予備隊違憲訴訟の際の最高裁長官も、砂川事件と同じく田中耕太郎でした。憲法担当大臣として日本国憲法の草案に携わった松本烝治の義理の息子であり、かつては文部大臣として教育基本法の制定に尽力した人物です。

**政府としても、防衛目的を掲げて増強された自衛隊を軍隊でないといい続けることに次第に困難を感ずるようになり、一時は鳩山一郎内閣が憲法改正の必要を国民に訴えるが、衆議院総選挙で憲法改正に必要な三分の二の多数を得ることができず、以降、護憲派から「解釈改憲」と批判された九条解釈の変更により自衛隊の正当化を行う道を選ぶことになる。**（54ページ）

高橋は内閣法制局が解釈改憲をしていると批判していますが、安倍首相は「解釈改憲をしていない」という立場を採っています。護憲派にまでこれだけつっこまれて法制局はどうするつもりでしょうか。

実は、教条主義的な護憲派憲法学者と内閣法制局は仲が悪く、護憲派から見れば法制局は権力主義者、権威主義者にしか見えないのです。逆に法制局にしてみれば護憲派から原理主義的なことを言われるとこれまで法制局が勝手に憲法解釈の変更をしてきたことが明るみになり、自分たちの権力の源泉である「戦後一貫した憲法解釈」という無謬性が崩れることが嫌なのです。


**解釈の変更とはいっても、一切の戦力の否定という当初の解釈は、形式論理的には維持されている。自衛隊合憲説には、九条一項は自衛のための戦争・武力行使を否定したものではないとの前提に立ち（この点は、一項の文言が不戦条約の系譜をひくものであることから、政府をはじめ多くの学説により承認されている）、二項の「前項の目的を達するため」を、芦田修正の底意を強調しながら、侵略戦争を禁止する趣旨に解釈して、自衛のための戦力の保持は許されるとするものもあるが、政府はかかる解釈への変更はしなかった。**（54ページ）

一切の戦力の否定が維持されているかどうかは、高橋の頭のなかではそうなのでしょう、としか言いようがありません。

芦田修正をとらなかったというのは、それはその通りです。

## （イ）専守防衛と集団的自衛権の否認

まず、自衛権については、認められるのは個別的自衛権のみで、集団的自衛権の行使は認められない。個別的自衛権とは、急迫不正の侵略を自国が受けたときに、自衛の行動をとる権利である。集団的自衛権とは、他国との取決めで、他国への攻撃も自国への攻撃とみなして協同して防衛行動をとる権利であり、この場合には自国への攻撃がなくとも軍事行動に出ることが認められる。国際連合憲章五一条は、個別的・集団的自衛権の両者を国家の固有の権利として認めているが、日本国憲法は国際法上は認められた集団的自衛権の行使を自主的に放棄したものと解したのである。（傍線：筆者による）（55ページ）

事実関係として、日本がいつ集団的自衛権の行使を自主的に放棄したのでしょうか。昭和四七年以前もそうなのでしょうか。

認められているのは個別的自衛権のみであり、それは自国に対する攻撃があった場合に（現実の攻撃がなくとも、攻撃が確実という差し迫った状況が現出すれば、この段階での反撃は「先制攻撃」ではないと説明されている）、自国を守るためにのみ（敵

**国の発信基地等を「たたく」ことも自国を守るためということに含まれる）発動しうるものであるから、自衛隊を軍事行動（武力行使）のために海外に派遣することは許されない。**（55ページ）

安倍首相が集団的自衛権の限定容認といいますが、これを例えるなら「道で麻生くんが歩いていて、麻生くんが暴漢に殴られていたら、殴っているやつを殴る事は出来る。暴漢が菅くんの家に押し入ってる時に菅くんの家まで入って助けることは出来ない」というものです。

確かに集団的自衛権の行使が限定されているのは、その通りなのですが、それでいいのかは別問題だといえます。

ここでいう菅くんの家まで助けに行くかどうかという問題は憲法で定めることでなく国防方針で決めることです。戦前は帝国国防方針が、約一〇年に一度改定していました。仮に方針がなかったとしても、安全保障上必要があれば日本が参戦した第一次世界大戦のように、帝国海軍がカナダから地中海までの海上防衛を行うこともやります。この文章は高橋が政府見解を並べているだけのものです。

**次に自衛力については、それは「自衛のために必要最小限度」のものでなければならないから、他国に侵略の脅威を与えるような攻撃的武器は禁止される。しかし、防**

衛的なものなら、核兵器も憲法上禁止されるわけではない。ただし、日本は政策として「非核三原則」（核兵器を持たない、作らない、持ち込ませない）を厳守する、とされている。ちなみに、日本は、非核兵器国に対し核兵器の製造・取得を禁止する「核兵器の不拡散に関する条約」を批准している。（55ページ）

この核兵器の保有が憲法上許されているが、政策として制限しているというのは内閣法制局の見解と全く同じです。

基本的に高橋は「芦部四天王」「四人組」と呼ばれる正統後継者なので、内閣法制局の見解をほとんどすべて肯定してあげているのですが、それでも解釈変更をした事実など法制局が嫌がる事を明記しています。

**自衛隊違憲訴訟**

**恵庭事件**

北海道恵庭町（現・恵庭市）に住む酪農家の兄弟が陸上自衛隊島松演習場で自衛隊が演習を行うと家畜が怖がって牛乳生産量が落ちたとして、「境界付近での射撃訓練については事前に連絡する」と自衛隊と確約していたにも関わらず、自衛隊にその確約を破られたことから、一九六二年一二月に自衛隊の着弾地点との通信回線を切断した。

射撃訓練をする時は事前連絡をするとしていた自衛隊が連絡をしてこなかったので、腹を立てた酪農家がやり返したという事件です。これは自力救済をしたということで、本来は近代国家では許されない犯罪になります。

そこで、酪農家の兄弟は憲法論争に持ち込んだのですが、「演習用の通信回線は自衛隊法一二一条の『武器、弾薬、航空機、その他の防衛の用に供する物』に該当しない」として無罪判決、そして自衛隊法一二一条自体の憲法判断はしませんでした。

判決を出したのは札幌裁判所だったのですが、よほど憲法判断を回避したいという思惑だったといえます。一応、憲法判断回避の法理というのは間違いではありません。砂川事件のように全く関係ないにも関わらず憲法判断をさせるために事件を起こされる事があるので、裁判所はそういうものを嫌がります。

## ポジティブリストの欠陥

### 4　安保条約をめぐる憲法問題　（3）日米防衛協力のための新ガイドライン

**「周辺事態法」（中略）この法律は、「周辺事態」（「そのまま放置すれば我が国に対す**

**る直接の武力攻撃に至るおそれのある事態等我が国周辺の地域における我が国の平和及び安全に重要な影響を与える事態」（一条）が勃発したとき、アメリカに協力して我が国が実施する措置とその手続を定めたものであるが、その措置の主要なものは「後方地域支援」と「後方地域捜索救助活動」とされている。**（59〜60ページ）

これは在日米軍の防衛範囲に台湾が含まれるかどうかということで毎回問題になっています。この問題の本質は毎回、法律を作らなければならないポジティブリスト制度の有事法制だということなのです。

ポジティブリストというのは許可事項列挙型（根拠事項列挙型）で、法律で許可をされたことだけを行動してよいという制度です。できることが制約されている警察・消防型の法体系です。警察は国内の治安維持の任務を持つ実力部隊ですが、その組織は軍隊よりも消防に近い法体系になっています。

警察は具体的には捜査と逮捕しか出来ません。なぜなら、警察や消防は国民と直接接する組織です。国民を守るということは無実かもしれない国民を捜査したり、逮捕したりする可能性があるということです。だから、国民の権利侵害をしないようにするために許可事項列挙型になっているのです。消防も同じく破壊消防という延焼を防ぐために周辺の建物を壊す事ができます。余談ですが、自衛隊は破壊消防が許可されていないので、災害時でも建物の持ち主が「壊してくれ、助けてくれ」と言ってくれないと出来ません。そのため、いちいち法律のお伺をたてていたという馬鹿げた話があります。

ポジティブリスト制度の自衛隊法等の有事法制では、何か新しいことをしようとする度に新しい法律を作らなければならず、結果、ほとんど誰にも理解できない法体系になっています。そのため、何か問題が起きるごとに憲法典や法律の条文に当てはまるかどうかを確認する必要があり、その憲法解釈を内閣法制局が占断しているのが今の有事法制における問題点です。

一方のネガティブリストは禁止事項列挙型です。法律で列挙されたことだけはやってはならないというもので、通常の軍隊の法体系はこれにあたります。やってはいけないことは全部やっても構わないというものです。

## 国際活動

一九九二年、国際連合カンボジア暫定統治機構（ＵＮＴＡＣ）の文民警察官として国際平和協力活動に参加した日本人四人が殺傷され、うち一名が死亡するという事件がありました。この時に、本当に軍隊経験がない人間を送ったのは日本だけでした。

この文民警察とは各国の憲兵をカンボジアに派遣してほしいという意味で、軍人を前提としていました。ところが、日本は軍人ではない本当の警察を送ってしまったので、現地で事故が起こるのは当たり前でした。今まで国際平和活動での死者はほとんどいないので、日本人はそれを勘違いして行政のルーティン・ワークで出来るものだと思っているのではないかと佐瀬昌盛防衛大名誉教授などは指摘しています。

イラク戦争後に日本は自衛隊をイラクへと派遣しましたが、この際に小泉純一郎首相は「どこが戦闘地域なのかは分からない」と発言をして物議を醸したことがありました。この発言は当時バカにされましたが、実は全くその通りでした。

なぜなら、ウェストファリア体制による国家の決闘としての戦争、つまり平時と戦時、敵・味方・中立、戦闘員・非戦闘員の区別がある状態が、国連憲章で「戦争放棄」を謳ったために崩壊してしまいました。イラクには戦闘員と非戦闘員の区別がないテロリストが跋扈しており、そのテロリストが戦場を決めるので戦闘地域を区分することが不可能になったのです。

話を国際協力に戻すと、朝鮮戦争の際に国連軍が一度だけ編成されましたが、日本の保安隊は国連の直接の指揮下にいるわけではありませんでした。アメリカ軍の指揮下にいたという解釈を憲法学者はとっています。

現在でも日本には国連軍地位協定があり、日本はアメリカと安保条約で地位協定を結び、国連軍とも地位協定を結んでいます。これは北朝鮮から見れば日本は十分に敵国だといえます。

## 6　立憲主義からの選択　（1）改正論

**改正論者は次のように主張するであろう。憲法規範に反する実態が続くことは、憲法に対する規範意識を鈍磨させ、立憲主義にとって害が大きすぎる。圧倒的多数の国民が実態の方を支持してる現実があるとすれば、実態に合わせて憲法を改正する方がよいのではないか。**（62ページ）

高橋の論理は公明党の主張と同じです。つまり、現実のほうが無茶苦茶だから、現実に憲法を合わせようというものです。しかし、それ以上のやりたいことは出来るようにはさせないという意味なのです。決して必要なことは全てさせるようにはしないという考えです。

そこで、ポジティブリストとネガティブリストの考え方が重要になってきます。本来、軍隊というものはやってはいけないこと以外は全部出来るようにしなければならないのですが、そういう議論まで踏み込ませないというものなのです。

**これ以上「解釈改憲」を許すことは、立憲主義の基礎を掘り崩すことになり、かえって危険である。むしろ憲法改正により、現実に即して憲法上許されることと許されないこととの線引きを明確化し、今後は憲法を厳格に守っていくことを誓ったほうがよ**

**いのではないか。改正をしたからといって、自衛隊や安保条約の保持が憲法上義務付けられることになるわけではない。戦争放棄の理想が現実性を獲得し、多数の国民の支持を受けるときには、その政策を実現することは、改正憲法により禁止されはしないのである。**（62ページ）

もはや法律論を放棄して高橋の「願い」を綴ったポエムだといえます。とはいえ、公明党の改正論はこれと同じです。公明党というのは政権にしがみつくということと、政権と支持母体の創価学会の考えが真逆なので、そのバランスをとっているという、ただそれだけの政党です。

## （2）改正反対論

**最高裁が訴訟上の法技術を駆使して自衛隊の憲法判断を避けてきたのは高く評価されるべきことといえよう。**（63ページ）

今まで高橋が主張していたことが何だったのか分からない二枚舌ですが、これには理由があります。護憲論者には原理主義者と法制局寄りの二種類がいるのですが、このうち高橋は後者です。前述した浦部が一貫した原理主義だったことと比較すると、その違いがよく分かります。

いずれにせよ、現行九条を維持しようとする立場は、九条が自衛隊の拡張にブレーキをかけてきたということのみならず、我々が追求すべき理想のシンボル的意味をもつことを強調する。このプラス面は貴重であるが、他方で、それに反する現実により立憲主義の精神が摩滅していく危険に恒常的に直面していることも無視すべきではない。（64ページ）

九条と現実があまりにも乖離しているのに一緒にする意味があるのでしょうか。

## 木村草太の国会答弁にツッコミを入れる

二〇一五年七月一三日に衆院平和安全法制特別委員会の中央公聴会で、憲法学者の木村草太首都大学東京准教授（以下敬称略）が答弁を行っていましたので、これについても解説をしてきたいと思います。木村は「報道ステーション」のコメンテーターもしているので、ご存じの方も多いでしょう。

筆者は木村を国際法の観点から批判したいと思います。彼は日本国憲法の方が国際法よりも上だという立場でいるので、それが誤りであるということを指摘したいと思います。

出典：http://kokkai.ndl.go.jp/SENTAKU/syugiin/189/0303/18907130303001a.html

**憲法を無視した政策論は、国民を無視した政策論であるということを自覚しなければならないと思います。**

では、国民を無視した憲法は良いのでしょうか。冒頭からして話になりません。

**まず、結論から申しますと、日本国憲法のもとでは、日本への武力攻撃の着手がない段階での武力行使は違憲です。ですから、日本への武力攻撃の着手に至る前の武力行使は、たとえ国際法上、集団的自衛権の行使として正当化されるとしても、日本国憲法に違反します。**

このことも前述したとおり、侵略（Aggression）の定義が「挑発がないにも関わらず先制攻撃を行うこと」である以上、問題は挑発の有無であって先制攻撃の有無ではありません。挑発があれば先制攻撃をしても問題ありません。

**政府が提案した存立危機事態条項が、仮に日本への武力攻撃の着手に至る前の武力行使を根拠づけるものだとすれば、明白に違憲です。**

**さらに、今までのところ、政府が我が国の存立という言葉の明確な定義を示さないため、存立危機事態条項の内容は余りにも漠然、不明確なものになっています。したがって、存立危機事態条項は、憲法九条違反である以前に、そもそも、漠然、不明確ゆえに違憲の評価を受けるものと思われます。**

存立危機事態の定義が漠然不明確だという指摘は正しいです。なぜなら定義のしようがないからです。ただし、言葉の定義が不明確ということでは直ちに違憲の評価を受けることにはなりません。

**また、維新の党より提案された武力攻撃危機事態条項も、仮に日本への武力攻撃の着手がない段階での武力行使を根拠づけるものだとすれば、憲法に違反します。逆に、武力攻撃危機事態とは、外国軍隊への攻撃が同時に日本への武力攻撃の着手になる事態を意味すると解釈するのであれば、武力攻撃事態条項は合憲だと考えられます。**

国際法というのは、「勝つためには何をやってもいい」という負けないための発想です。ところが日本国憲法には勝敗の概念がそもそも存在しません。ですので、日本国憲法自体がおかしいのです。国家の存立を考えない憲法典こそが憲法違反だといえます。

**憲法九条は、武力行使のための軍事組織、戦力の保有を禁じていますが、外国への武力行使は原則として違憲であると解釈されています。もっとも、例外を許容する明文の規定があれば、武力行使を合憲と解釈することは可能ですから、九条の例外を認める根拠が存在するのかどうかを検討する必要があります。**

これまで見てきたように憲法の条文への明記の有無以前に、自衛権は自然権であり、国際法で認められ保持している固有の権利なので、行使することは可能です。

**従来の政府及び有力な憲法学説は、憲法一三条が自衛のための必要最小限度の武力行使の根拠となると考えてきました。憲法一三条は、生命、自由及び幸福追求に対する国民の権利は、国政の上で、最大の尊重を必要とすると定めており、政府に国内の安全を確保する義務を課しています。**

憲法一三条については最初の章で取り上げたので、ここでは繰り返しません。

**個別的自衛権の行使は、その義務を果たすためのもので、憲法九条の例外として許容されるという解釈も可能でしょう。**

**他方、外国を防衛する義務を政府に課す規定は日本国憲法には存在しませんから、九条の例外を認めるわけにはいかず、集団的自衛権を行使することは憲法上許されないと結論されます。**

木村は自分の仲間が殺されてでも、絶対に助けるなと主張しているわけです。これは自分がやられるのは嫌だけど、仲間がやられるのは構わないという発想なのです。

これでは日本は良心的兵役拒否を国全体でやっているということになります。良心的兵役拒否とは「自分や仲間が何をされても構わない」という前提です。


**また、自衛のための必要最小限度を超える武力行使は、憲法九条とは別に、政府の越権行為としても違憲の評価を受けます。**

**そもそも、国民主権の憲法のもとでは、政府は、憲法を通じて国民から負託された権限しか行使ができません。そして、日本国憲法には、政府に行政権と外交権を与える規定はあるものの、軍事権を与えた規定が存在しません。憲法学説は、このことを軍事権のカテゴリカルな消去と表現します。憲法が政府に軍事権を与えていない以上、日本政府が軍事権を行使すれば、越権行為であり、違憲です。**


この説でいえば政府に軍事権がないのであれば、自衛隊の統帥権は誰が持っているのでしょうか。

木村説を理解するためにまず、行政権について解説をしたいと思います。行政権の定義には行政消極説と行政積極説という二種類があります。

行政消極説とは国家権力の中から立法と司法を除いた物が全て行政であるという考え方で

す。つまり、行政権の権力が強いという考えが消極説です。筆者もこの考えに立っています。

行政積極説とは様々な理屈を付けて、例えば「福祉を目的に○○を行政として行う」として加えるものです。この説は消極説が行政権を強める学説なので、その反発として屁理屈で出している学説です。積極説の一例として出しているものは日銀法です。日銀は行政権に服していない政府から独立した存在なのです。国会に五年に一度、総裁・副総裁・委員の任命権があるだけなのです。その時だけ国民の代表である政治家が日銀に対して権力を行使できるという、アメリカ連邦最高裁判所並に独立性を持ったとんでもない組織となっています。

余談ですが、かつて日銀法を改悪した時に、法制局は「統帥権の独立」だと批判しました。その批判をした人物が、現在護憲派に持ち上げられている阪田雅裕元法制局長官でした。阪田氏がその時に発言したことは、その時は正しかったと思います（佐藤幸治の章を参照）。


**では、政府と自衛隊は、どのような活動ができるのでしょうか。**

**まず、行政権とは、自国の主権を用いた国内統治作用のうち、立法、司法を控除したものと定義されます。**


軍事権が政府にないと言っておきながら、行政消極説を唱えており、何を言っているのか分かりません。

**自衛のための必要最小限度の武力行使は、自国の主権を維持管理する行為なので、防衛行政として行政権に含まれるとの解釈も十分にあり得ます。**

これを言い直すと、戦前の言葉で言えば軍令権（作戦）は憲法に書かれていないから政府は行使で出来ない。軍政権（予算・人事など）は政府の行政権に含まれるので行使が出来るという意味になります。なぜ、防衛行政は憲法に書いてなくても良くて、統帥権が含まれないのでしょうか。

**武力行使に至らない範囲での国連ＰＫＯへの協力は、外交協力の範囲として政府の権限に含まれると理解することも可能でしょう。**

**これに対し、他国防衛のための武力行使は、日本の主権維持作用ではありませんから、防衛行政の一部とは説明ができず、また、相手国を実力で制圧する作用であり、外交協力とも言えません。**

**したがいまして、集団的自衛権の行使として正当化される他国防衛のための武力行使は、軍事権の行使だと言わざるを得ず、越権行為としても憲法違反の評価を受けます。**

外国を助けることは軍政権には含まれず、軍令権だから行使は出来ないと説明しています。木村は間違った前提で勝手に話を進めているだけです。

軍令権が憲法に含まれていないとする木村理論でいえば、集団的自衛権だけでなく個別的自衛権の行使も不可能なはずなのですが。なぜ、集団的自衛権だけが不可能なのかが全く説明されていません。

**では、自衛のための必要最小限度の武力行使とは、どのような範囲の武力行使をいうのでしょうか。**

**法的に見た場合、日本の防衛のための武力行使には、自衛目的の先制攻撃と個別的自衛権の行使の二種類があります。**

**前者の自衛目的の先制攻撃は、日本への攻撃の具体的な危険、すなわち着手がない段階で、将来武力攻撃が生じる可能性を除去するために行われる武力行使をいいます。**

木村は軍令権が憲法に含まれていないとしながら、個別的自衛権では先制攻撃をしても良いとしてます。

**先ほど見た憲法一三条は、国民の生命、自由、幸福追求の権利を保護していますが、**

それらの権利が侵害される具体的な危険がない段階、すなわち抽象的な危険しかない段階で、それを除去してもらう安心感を保障しているわけではありません。したがって、自衛目的の先制攻撃を憲法九条の例外として認めることはできません。

自衛のための必要最小限度の武力行使と認められるのは、あくまで個別的自衛権の行使に限られるでしょう。

これに対し、集団的自衛権が行使できる状況では、既に外国に武力攻撃があり、国際法上は他国防衛のための措置であり、先制攻撃ではないとの反論も想定されます。

しかし、国際法上の適法、違法と日本国憲法上の合憲、違憲の判断は、独立に検討されるべきものです。

外国への武力攻撃があったとしても、それが日本への武力攻撃と評価できないのであれば、仮に国際法上は集団的自衛権で正当化できるとしても、それは他国防衛として正当化できるにとどまり、憲法上の自衛の措置としては、違憲な先制攻撃と評価されます。

つまり、国際法上は許されていても憲法上許されていないという主張になります。国際法に合わせて国内法を整備するために憲法があり、国際法に合わせない国の事を通常「野蛮国」といいます。国際法に合わせていない日本が野蛮国になってもいいのでしょうか。

つまり、我が国の存立が脅かされる事態だと認定できるのは、武力攻撃事態に限られると述べているのです。

そもそも、近代国家は主権国家ですから、法学的には、我が国の存立が維持されているかどうかは、日本の主権が維持できているかどうかを基準に判断されるはずです。

国家間の関係のうち、外交は相互の主権を尊重する作用、軍事は相手国の主権を制圧する活動ですから、国家の存立が脅かされる事態とは、軍事権が行使された状態、武力攻撃を受ける事態と定義せざるを得ないのです。

なぜ、日本が軍事権を行使した時が存立危機になるのでしょうか。グダグダ過ぎてツッコミようがありません。

したがって、これまでの議論を前提にすると、存立危機事態条項の制定は、看過しがたい訴訟リスクを発生させます。この条項が日本の安全保障に必要不可欠であるのであれば、そのような法的安定性が著しく欠ける形で制定すべきではなく、憲法改正の手続は必須と思われます。

日本の最高裁判所はこれまで見てきたように憲法判断をしないようにしている組織なのですが、有事の最中に政府に対して憲法違反だと言って、その行為を止める事が可能でしょうか。

また、そもそも、現在の政府答弁では、我が国の存立という言葉が余りにも曖昧模《も》糊《こ》としております。明確な解釈指針を伴わない法文は、いかなる場合に武力行使を行えるかの基準を曖昧にするもので、憲法九条違反である以前に、そもそも、曖昧、不明確ゆえに違憲だと評価すべきでしょう。

さらに、内容が不明確だということは、そもそも、今回の法案で、可能な武力行使の範囲に過不足がないかを政策的に判定することができないということを意味します。

曖昧、不明確としていますが、ポジティブリストの弊害で前述しましたが、法律を列挙しているいると覚えきれないのです。

ただし、維新案における武力攻撃危機事態条項は、他国への攻撃が同時に日本への武力攻撃の着手になる場合に武力行使を認めたものと解釈することもでき、また、そう解釈する限りで合憲と言えます。

もっとも、外国への攻撃が同時に日本への武力攻撃の着手になる事態であれば、現行法でも武力攻撃事態と認定ができるはずであり、個別的自衛権を行使することは可能です。

個別的自衛権は良いが集団的自衛権は駄目だということなのですが、行政権で見たようになぜ集団的自衛権だけが駄目なのかが全く分かりません。

**以上述べたように、集団的自衛権の行使は憲法違反となります。もちろん、集団的自衛権の行使が憲法違反であるということは、集団的自衛権の行使容認が政策的に不要であるということまでを意味するものではありません。**

**集団的自衛権の行使容認が政策的に必要であるのなら、憲法改正の手続を踏み、国民の支持を得ればよいだけです。仮に改憲手続が成立しないのであれば、国民が、改憲を提案した政治家、国際政治、外交、安全保障の専門家、改憲派の市民の主張を説得力がないと判断したというだけです。**

結局、なぜ集団的自衛権だけが憲法違反であるのかが全く分かりません。

つまり、文句があれば改憲してからやれということですが、これだけは正論です。

## 青井未帆の自民党改憲案批判に乗っかった形で論を進めてみる

### 倉山満に喧嘩を売ってみろ！

『改憲の何が問題か』（岩波書店　二〇一三年）で青井未帆学習院大学教授（以下敬称略）が憲法九条について論じているので、その主張について評論をしていきたいと思います。その中で青井は礒崎陽輔参議院議員（自民党憲法改正推進本部起草委員会事務局長）の意見を持ちだして改正論の批判をしています。

礒崎議員は「立憲主義という言葉を学生時代に憲法講義で聞いたことがない」「憲法の教科書に書かれてない」などとツイッターで発言をした人物です。そもそも、ツイッター上で十代の女の子に論破をされて、議論から逃亡してしまうようなお利口さんを改憲派の代表とするとは、青井先生は如何なものでしょうか。

同書では、鳥海靖先生の真面目な帝国憲法の議論を紹介した後に礒崎議員を紹介しているのですが、それならば鳥海先生の弟子の倉山満を「不肖の弟子である」と言ってみてほしいものです。喧嘩ならいくらでも買って差し上げますものを。是非とも、青井先生には筆者を名指しで批判されたいものでございます。

青井は延々と安倍首相や磯崎議員ら自民党改憲論について批判をしていますが、これを「磯崎論法」と呼ぶことにします。倉山満と議論をしたくないからその師匠である鳥海先生の名前を持ちだして当てこすりをした後に、改憲派の中でもよりにもよって磯崎議員のような困ったちゃんを持ちだして叩くというものです。くどいようですが、磯崎議員を改憲派の代表にされるのは本当に困ります。改憲派の立場として、まず先に、磯崎議員と自民党改憲論について批判をしてきたいと思います。

## トンデモ磯崎理論

磯崎議員のウェブサイト（http://isozaki-office.jp/）には磯崎議員が政府見解と異なる個人的な見解としつつ「集団的自衛権に係る憲法解釈の構造」なるフローチャートと解説がなされています。次ページをご参照ください。

安倍首相はこのフローチャートの通りに説明をするのですが、これは部分的に正しくて部分的に間違っているのが困りモノです。磯崎議員の発言は「何を言ったか」ではなく「何を言っていないか」によって批判をされるべき内容です。憲法九条があり、憲法上では自衛権の規定がないのはその通りです。ですが、磯崎議員は自衛権が自然権であるということに触れていません。

# 集団自衛権に係る憲法解釈の構造

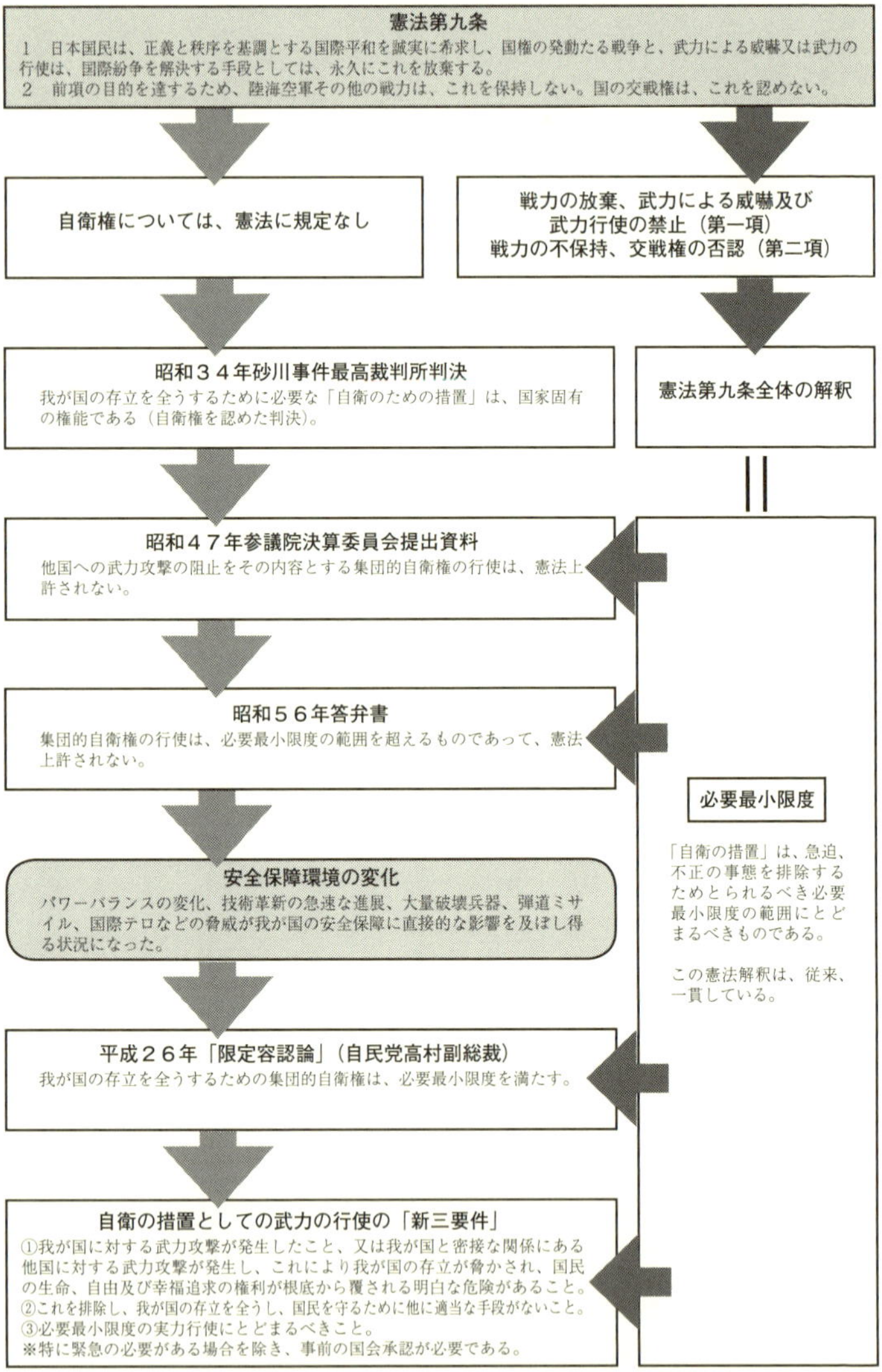
憲法第九条
1　日本国民は、正義と秩序を基調とする国際平和を誠実に希求し、国権の発動たる戦争と、武力による威嚇又は武力の行使は、国際紛争を解決する手段としては、永久にこれを放棄する。
2　前項の目的を達するため、陸海空軍その他の戦力は、これを保持しない。国の交戦権は、これを認めない。
自衛権については、憲法に規定なし
戦力の放棄、武力による威嚇及び武力行使の禁止（第一項）
戦力の不保持、交戦権の否認（第二項）
昭和３４年砂川事件最高裁判所判決
我が国の存立を全うするために必要な「自衛のための措置」は、国家固有の権能である（自衛権を認めた判決）。
憲法第九条全体の解釈
昭和４７年参議院決算委員会提出資料
他国への武力攻撃の阻止をその内容とする集団的自衛権の行使は、憲法上許されない。
昭和５６年答弁書
集団的自衛権の行使は、必要最小限度の範囲を超えるものであって、憲法上許されない。
必要最小限度
「自衛の措置」は、急迫、不正の事態を排除するためとられるべき必要最小限度の範囲にとどまるべきものである。
この憲法解釈は、従来、一貫している。
安全保障環境の変化
パワーバランスの変化、技術革新の急速な進展、大量破壊兵器、弾道ミサイル、国際テロなどの脅威が我が国の安全保障に直接的な影響を及ぼし得る状況になった。
平成２６年「限定容認論」（自民党高村副総裁）
我が国の存立を全うするための集団的自衛権は、必要最小限度を満たす。
自衛の措置としての武力の行使の「新三要件」
①我が国に対する武力攻撃が発生したこと、又は我が国と密接な関係にある他国に対する武力攻撃が発生し、これにより我が国の存立が脅かされ、国民の生命、自由及び幸福追求の権利が根底から覆される明白な危険があること。
②これを排除し、我が国の存立を全うし、国民を守るために他に適当な手段がないこと。
③必要最小限度の実力行使にとどまるべきこと。
※特に緊急の必要がある場合を除き、事前の国会承認が必要である。

※磯崎陽輔氏ホームページ（http://isozaki-office.jp/）掲載図版を元に作成

何度もいうように自衛権とは自然権（当然の権利）です。吉田首相が答弁したように、自衛権は日本国憲法で唯一例外的に不文法を持ちだしている議論となっています。

余談ですが最近、護憲派の人たちは「自然権は人権にのみ適用出来るものだ」などと発言をしているようです。「人権は自然権で、天賦人権で天から与えられたものだから、人間が制定した憲法典で奪うことができない。だから政府が人権を奪うような憲法典を制定したとしたらそれは違憲である」という内容です。大前提として本当に天賦人権説が成立するのかをスルーしての話なので一応話の筋は通っているものの、その前提に大いなる疑問が残ったままですが。勝手に大前提の正当性を証明せずに議論を進めていくのは左翼の議論でよくあるパターンで、彼らの理屈の中では一応、筋は通っています。ですがこれまで見てきたように、筋が通っていれば良いという話では全くないのは言うまでもありませんが。

話を戻すと、自衛権は憲法典に明記されていないのは正しいですが、自然権なので憲法典で記載する必要がない、というのが正解です。主要国で自衛権を憲法典で規定しているのはポーランドだけらしいです。ポーランドは何度も他国からの侵略により国家の消滅を繰り返してきた歴史を持っているので仕方がないといえます。

話を戻すと磯崎説によれば憲法典で規定がなかったものが昭和三四年の砂川判決で初めて規定したとしています。最高裁が自衛権について判断を下した唯一の判決だと、これでもかと金科玉条の如く祭りあげています。砂川判決は、前述したようにアメリカからの圧力により田中裁判長が判決を下したという、世にも恥ずかしい裁判なので取り上げないでほしいものです。ちなみに、セルビアは他国による司法権への介入を嫌がって第一次世界大戦にまで発展しましたが、日本は外国が国内の司法に介入しても平気だったようです。

砂川事件で判決を下した田中耕太郎長官は補足意見で「そもそもこのようなことは憲法判断をするような事件ではない」と書き残しています。その内容から田中長官が相当イヤイヤ書いていることが読み取れます。田中長官もまさかこのような馬鹿げた判決から、六〇年経った平成の御代になっても金科玉条の如く持ち上げられているとは思いもよらないことでしょう。

このような恥ずかしい判決を集団的自衛権の行使が合憲だという理由に持ってくることに、安倍首相や高村副総裁も恥ずかしいとは思わないのでしょうか。ここで読者の方に勘違いしてほしくないのは、安倍・高村の両氏は自民党の中でも安全保障・外交の分野では最高の部類に入る政治家です。その人達でこの体たらくなのです。

磯崎議員の図表に戻ると、昭和四七年の参議院決算委員会提出資料で「他国への武力攻撃の阻止をその内容とする集団的自衛権の行使は、憲法上許されない」と記されたことを引用しています。この事自体に嘘はありません。ただ、主権国として恥ずかしいだけです。

つまり、磯崎議員の主張は「昭和二二年に日本国憲法が施行された時には集団的自衛権の規定はなかった」「昭和三四年に最高裁が初めて日本国が自衛権を保持している判決を下した」「昭和四七年に集団的自衛権をどこまで行使できるかを解釈した」と主張は一貫しています。

ただ、普通に見れば図に記された昭和二二、三四、四七年とほぼ一〇年おきの事例をそれぞれ持ってきていますが、それでは仕事が遅すぎないでしょうか。

最大限に弁護をして昭和三四年の砂川事件で起きたことは仕方ないとしても、昭和四七年の政府提出資料は語るに値しない内容です。

磯崎議員の図表の右側については嘘です。「必要最小限度」というところで「この憲法解釈は、従来、一貫している」と記載されていますが、これは大間違いです。

小松一郎前法制局長官は「政府が過去憲法解釈を行った前例がある」と憲法解釈が従来一貫していないことを遺言の如く残しています。なお小松前長官は安倍首相の肝いりで外務省から派遣されましたが、OBを含めた法制局の人間たちによって集団イジメを受け続け、最期は末期がんになり過労死のような非業の死を遂げた人物でした。

小松前長官は戦力の解釈ですらコロコロと変わっていると答弁をしていました。戦力の定義の変遷については本書で前述したとおりになっています。

見解は最初の「竹槍よりも強い武器」から、「自衛のためなら小型の核兵器なら保有してもよい」「近代戦遂行能力」から現在は「自衛のための最小限度」とされています。自衛のための最小限度とは一体なんでしょうか。アメリカのように自分の国にテロを起こした犯罪者を匿う国にミサイルをありったけ打ち込んで傀儡国家を作る能力のことでしょうか。そこまでやれとは言いませんが、実際国際法的にも認められた行為です。

アフガニスタンに傀儡国家を作ったことに対して世界中で文句は出ませんでしたし、もちろん憲法九条を掲げる日本国からも非難は出ていません。小泉首相（当時）は真っ先にアメリカによるアフガニスタンへの攻撃を支持しました。当時、そのことを持って小泉首相がアメポチだとマスコミ等で散々叩かれましたが、この国際法上の合法は争いようがありません。護憲派の皆さんはアメリカの自衛権行使を支持した小泉内閣が日本の政府だと認めないのでしょうか。なお、この時、小泉首相は丁寧に法制局の了解を得ていました。

「必要最小限度にとどまるべき」については戦力の定義や小泉内閣での出来事を見るだけでも一貫していないのが分かります。磯崎議員は何をもって一貫しているとしているのか理解に苦しみます。

昭和五六年答弁書というのは四七年の参議院決算委員会提出資料の焼き直しなので、無視して構わない内容です。そして、平成二六年に限定容認論が出ているということになっています。本当に磯崎議員の言う通りなら、前述したようにそれまで積み重ねてきた憲法解釈を一内閣が勝手に変えていると読み取れないこともありませんが、一応、ぎりぎり認めることが出来ます。それまで、良いとも悪いとも言ってなかったものを昭和四七年に「出来ない」と言っただけで、それを平成二六年に「やっぱ、いいよ」と言っているだけなので、事情が変わったので容認したという意味で法理論的には問題ありません。ただし、この内容だと説明不足です。

**◆自衛の措置としての武力の行使の「新三要件」**

①我が国に対する武力攻撃が発生したこと、又は我が国と密接な関係にある他国に対する武力攻撃が発生し、これにより我が国の存立が脅かされ、国民の生命、自由及び幸福追求の権利が根底から覆される明白な危険があること。
②これを排除し、我が国の存立を全うし、国民を守るために他に適当な手段がないこと。
③必要最小限度の実力行使にとどまるべきこと。
※特に緊急の必要がある場合を除き、事前の国会承認が必要である。

**◆旧三要件**

①我が国に対する急迫不正の侵害があること。
②これを排除するために他の適当な手段がないこと。
③必要最小限度の実力行使にとどまるべきこと。

法理論としてはこれまで書いた通りなのですが、そもそも、政策論として自衛権行使の新三要件は、旧三要件と同じく、自衛権を行使させないための条件と同じです。日本の安全保障のために法整備をしているのではなく、護憲派に対してご機嫌を取っているような内容です。

この自衛権行使の新三要件についてアメリカの知日派は怒り狂っていると聞きます。①の部分についてですが、「又は」以前は日本の事なのでよいとして、その後は「我が国と密接な関係にある他国に対する武力攻撃が発生し、これにより我が国の存立が脅かされ、国民の生命、自由及び幸福追求の権利が根底から覆される明白な危険があること」とされています。どうやって明白な危険があると判断出来るのでしょうか。密接な関係にある他国と協力するどころか、旧三要件に比べて余計に足かせをはめているだけです。

繰り返しますが、論理の一貫性を求めていることが間違いで、事情が変わったのだから、ここに論理の一貫性があってはならないのです。

磯崎議員は自民党憲法改正推進本部起草委員会事務局長という自民党内でも有数の憲法の専門家のはずなのですが、あまりにも憲法を理解していません。磯崎議員の理屈はこれだけおかしいのですが、磯崎議員本人の資質以上に由々しき問題はこの内容をそのまま安倍首相が国会で答弁をしているという状況です。

青井先生、こんな恥ずかしいことを持ちだしている恥ずかしい磯崎議員を取り上げて改憲派を語られても困ります！　お願いですから、改憲派のことを語るなら、お願いですので不肖わたくし倉山満を名指しして喧嘩を売って下さい。磯崎議員のような憲法のド素人さんに喧嘩を売らないで下さい、と言いたくなります。

## 安倍首相の問題

二〇一三年三月二九日の参議院予算委員会で安倍晋三首相は、民主党の小西洋之議員による、個人の尊重を謳い人権の保障を包括的に定めている条文は何かという、つまり憲法一三条を知っているかどうかを問う質問に、答えることができなかった。また、憲法学を少しでも学んだことのある人ならば当然に知っているはずの故・芦部信

**喜博士についても、「私は憲法学の権威でもございませんし、学生だったこともございませんので、存じ上げておりません」、と述べている。**（viiiページ）

民主党の小西洋之議員といえば、国会で安倍首相にクイズ問題を出して「クイズ王の質問コーナー」などと揶揄をされるなど問題のある人物で、あまり利口な部類の政治家とは見られていません。

ですが、対する安倍首相のこの答弁は非常にまずい内容だと言えます。なぜなら新三要件に憲法一三条を入れているにも関わらず、一三条のことを答えられないのは流石にまずいです。

これは、安倍首相が自ら小西議員の仕掛けた罠にハマりにいってる状況です。小西議員の方が安倍首相よりも日本国憲法について詳しいのに、集団的自衛権の行使について、日本国憲法の条文だけでなく、高辻正己法制局長官以降の憲法解釈を引き継ごうとしているので、安倍首相が勝てるわけがないのです。

これに打ち勝つには集団的自衛権はとっくに行使をしていて、内閣法制局の憲法解釈がまったく一貫していないということを言うしかありません。しかし、これを言わせなかったのが故・岡崎久彦氏だと言われています。

二〇一五年七月二二日の産経ニュースによると、小泉内閣の時に岡崎氏が安倍官房長官（当時）を口説いて小泉首相に集団的自衛権の解釈変更を提言しに行ったところ、小泉首相が面倒臭がってやらなかったので第二次安倍内閣で解釈変更を行おうとしたものということです。

岡崎氏が「これは大事業だ」と意気込んでいたようですが、集団的自衛権をとっくに日本は行使していることを知らなかったのか、知っている上で引きずり込んだのか、どちらにせよ迷惑な話です。所詮、岡崎氏のように国際法に疎い人物が外交ブレーンをしてはならないです。

**安倍首相や磯崎議員の発言の「不真面目さ」もその一例であるが、憲法改正の必要性を論ずる際、「六〇年も前の憲法だからそろそろ変えよう」とか、「憲法改正を一度も体験していないから、主権者意識が育たない」とか、「占領中に制定された憲法だから無効である」とか、日本国憲法の制度設計やその運用について真面目に考えたことのない人でも（真面目に考えたことのない人ほど）、直ちに思いつきそうな「改憲必要論」が、いささかも恥じることなく論じられている。**（ixページ）

これを踏まえていうと、青井の安倍首相が「改憲に臨む態度としてあまりにも真摯さに欠ける」という記載については、安倍首相と磯崎議員が不真面目なのではなく、憲法のことを知らないだけなのです。ただ、安倍首相や磯崎議員の発言を見る限り、青井先生の仰るとおりです。私もこういう改憲派に非常に迷惑をしています。

ですが、従来の護憲と改憲の意見の中に、筆者の意見が入っていないというのはどうなのでしょうか。磯崎議員を取り出して改憲派と言われれば、筆者も青井先生の仰るとおりですとしか言いたくなくなります。磯崎議員への批判に関する限り、青井に言われたくないが、言ってる中身自体は正しいので全て賛成します。ただし、筆者は青井とは一緒には口にしたくありませんが。

**「改憲論議」と「憲法論議」は一応、分けて議論した方が有意義である。**（xページ）

これは、一応分けたほうが有意義なのではなくて、分けなくては駄目なのです。

## 自民党改憲案の問題点

青井は自民党改憲案を批判していますが、私もこの改憲案については改憲論者の立場として批判をさせてもらいます。

自民党改憲の何が悪いかを大きく三点挙げるなら「全部」「全て」「何もかも」です。英語だとどれもALLになってしまうので、日本語の語感が豊かなことに比べて英語は残念な言語です。

そもそも「全部」「全て」「何もかも」悪い日本国憲法条文の焼き直しをして今更どうするつ

**日本国憲法と自民党改正草案との比較対比表**

| 日本国憲法 | 自民党日本国憲法改正草案 |
|---|---|
| 第二章　戦争の放棄 | 第二章　安全保障 |
| 第九条 | 第九条 |
| 日本国民は、正義と秩序を基調とする国際平和を誠実に希求し、国権の発動たる戦争と、武力による威嚇又は武力の行使は、国際紛争を解決する手段としては、永久にこれを放棄する。 | 日本国民は、正義と秩序を基調とする国際平和を誠実に希求し、国権の発動としての戦争を放棄し、武力による威嚇及び武力の行使は、国際紛争を解決する手段としては用いない。 |
| 第九条　2 | 第九条　2 |
| 前項の目的を達するため、陸海空軍その他の戦力は、これを保持しない。国の交戦権は、これを認めない。 | 前項の規定は、自衛権の発動を妨げるものではない。 |
| | 第九条の二 |
| | 我が国の平和と独立並びに国及び国民の安全を確保するため、内閣総理大臣を最高指揮官とする国防軍を保持する。 |
| | 第九条の二　2 |
| | 国防軍は、前項の規定による任務を遂行する際は、法律の定めるところにより、国会の承認その他の統制に服する。 |
| | 第九条の二　3 |
| | 国防軍は、第一項に規定する任務を遂行するための活動のほか、法律の定めるところにより、国際社会の平和と安全を確保するために国際的に強調して行われる活動及び公の秩序を維持し、又は国民の生命若しくは自由を守るための活動を行うことができる。 |
| | 第九条の二　4 |
| | 前二項に定めるもののほか、国防軍の組織、統制及び機密の保持に関する事項は、法律で定める。 |
| | 第九条の二　5 |
| | 国防軍に属する軍人その他の公務員がその職務の実施に伴う罪又は国防軍の機密に関する罪を犯した場合の裁判を行うため、法律の定めるところにより、国防軍に審判書を置く。この場合においては、被告人が裁判所へ上訴する権利は、保障されなければならない。 |
| | 第九条の三 |
| | 国は、主権と独立を守るため、国民と協力して、領土、領海及び領空を保全し、その資源を確保しなければならない。 |

もりなのでしょうか。全く意味が分かりません。

**◆第九条**
**日本国民は、正義と秩序を基調とする国際平和を誠実に希求し、国権の発動としての戦争を放棄し、武力による威嚇及び武力の行使は、国際紛争を解決する手段としては用いない。**

まず、「日本国民は正義と秩序を基調とする国際平和を誠実に希求し、」という現憲法の条文を残す必要があるのでしょうか。このような文言は法律の用語として全く意味がありません。同じく「国権の発動としての戦争を放棄し、武力による威嚇及び武力の行使は、国際紛争を解決する手段としては用いない」として、現憲法の「永久にこれを放棄する」の永久を削除して係る場所を明確にすることで、国際紛争を解決する手段以外では自衛権の行使は可能であることを明らかにしています。

自民党が愚かなのは、「国権の発動としての戦争」という文言をなぜ入れるのかということです。マッカーサーが「主権の発動としての戦争」とマッカーサー・ノートで記した主権国家にしないための条文です。恥ずかしいので、このような文言はやめて欲しいです。

国際紛争を解決する手段として用いないのであれば、解決させない手段としての武力の行使は認められるのでしょうか。国際政治では他国の紛争が解決をすると自国に不利益を被る場合、意図的に問題を解決させない介入というのは存在することを護憲派と改憲派の皆様は考えてらっしゃるのでしょうか。

例えば、北ヴェトナム戦争ではアメリカが泥沼の戦争で苦しむことがソ連にとっては国益なので、北ヴェトナムに大量に武器を売っていました。これもソ連による集団的自衛権の行使でした。国際法上、武器を原価よりも安く売ったり、無料で供与した場合は集団的自衛権の行使にあたります。定価やそれより高価に売買をした場合は集団的自衛権にはあたりません。

中東問題などは誰一人として解決しようと考えていません。イスラエルと中東諸国などの当事国をはじめ、解決しないことを前提に周辺国は中東に対して介入をしています。当事者ですら「中東問題が一〇〇年で解決するなどと思っているのは理想主義者ですね」と言うくらいです。

国際政治学者がそのような事を言わないと威張っている改憲派の皆さんは、現実にこのような事が起こりえる事を考えているのでしょうか。いきなり九条一項の議論からして護憲派は論外として改憲派も愚かしい限りなのです。

### ◆第九条 2

### 前項の規定は、自衛権の発動を妨げるものではない。

こんな事をわざわざ明記しなくても、一項は成立する内容です。一項と同じように書かなくてもいい余計なことを書くと余計なツッコミが来ることを自民党は考えていないのでしょうか。「ここに記載されている自衛権とは個別的自衛権の行使であって、集団的自衛権は含まれない」などと憲法学者や内閣法制局に言われたらどうするつもりなのでしょうか。個別的と集団的自衛権を区別しない国際社会において、世界で唯一、個別と集団的の差について平気で議論をしている現憲法の解釈をそのまま引き継ぐつもりなのでしょうか。

### ◆第九条の二　我が国の平和と独立並びに国及び国民の安全を確保するため、内閣総理大臣を最高指揮官とする国防軍を保持する。

「ため」の部分が不要です。いかなる目的であれ軍がいるのであれば、このような事を明記する必要がありません。こんな文言があったところで仮に独裁者が現れたなら、こんな目的以外で使うことは決まりきっているので、全く意味が無い条文です。

最高指揮官が総理大臣だとされていますが、仮に総理大臣がいなくなって閣議を行うことが出来ない二・二六事件のような出来事が起きた場合や、組閣前で内閣が存在しない時、首相が菅直人のような人物の時はどうするつもりでしょうか。だから、普通の立憲君主国では軍の最高指揮官は君主とされています。

「改憲派は天皇の存在から逃げるな」と言いたいです。こんな中途半端な案を出すくらいならやめたほうがいいです。

筆者が憲法典に書くなら「天皇は法律の定めるところにより国防軍を統制する」とします。

青井は自衛軍と国防軍の名前の違いに噛み付いていますが、内容が伴っていないので名称はどうでもいい話です。ちなみに世界で一番侵略を行った軍隊はドイツ第三帝国の「国防軍」という名前の組織でした。しかし、安倍首相は「韓国も軍隊の名前が国防軍だからいいではないか」と発言するなどセコい、おっと行政的な言い回しが好きなのが困りモノです。

**◆第九条の二　2**

**国防軍は、前項の規定による任務を遂行する際は、法律の定めるところにより、国会の承認その他の統制に服する。**

自民党案では「国防軍」を国会が統制することになっています。二〇一五年九月現在の安保法制の議論でも問題になっていますが、なぜいちいち国会の承認が必要になるのでしょうか。結局、国会という文言を入れて置かないと独裁だの軍部の独走などと言われるのが嫌だという気持ちが透けて見えます。

現在の自衛隊法の内容をそのまま憲法典に書き込もうという姑息な思想があって、政府は今後も内閣法制局様にお世話になり続けますという条文です。

加えて「任務を遂行する際」という規定が問題です。一九五七年に群馬県の在日米軍兵士のジラードが換金目的で薬莢拾いをしていた日本人主婦を殺害したという事件がありました（「ジラード事件」）。裁判ではジラードが任務中か任務外が問題になりました。この時、ジラードは任務中ということでアメリカの軍法会議にかけられて、政治判決で懲役三年・執行猶予四年（毎日新聞調べ）になりました。余計なことを書くと、後で困るだけです。

他にもスイスでは国民皆兵の徴兵制度を行っており、国民には軍から銃が支給されています。犯罪で市販の銃を使った場合は普通の刑法が適用されますが、軍支給の銃を犯罪に使った場合は軍法会議にかけられるようになります。

このような話は憲法典に書き込む話ではなくて、法律で定める内容です。あくまで自民党案をベースにするならば、憲法典には「任務を遂行する際」という余計な文言を入れずに、単に「国防軍は法律の定めるところにより内閣総理大臣の統制に服する」とすれば済む話です。ただし、最高指揮官を総理大臣にすることの弊害については一項で前述した通りです。

「国会の承認」とは事前・事後のどちらかも問題になります。二〇一五年現在、国会で議論をされている集団的自衛権は原則事前承認が必要だとされています。ならば、尖閣諸島に今、来ている中国の漁船（を装った便衣兵）や中国公船は事前なのでしょうか、事後なのでしょうか。石垣島の漁民は支那人が尖閣諸島周辺に沢山いて漁業が出来ずに経済的に困窮しています。このような現在進行形の侵略行為に対しても、国会の事前承認などが果たして必要なのでしょうか。

自民党案というのはこのくらいバカバカしい内容なのです。ポジティブリストで苦しんでいる自衛隊法の内容をそのまま憲法典に書き込もうというのは、まさに愚かな行為としか言いようがありません。

**◆第九条の二　3**

**国防軍は、第一項に規定する任務を遂行するための活動のほか、法律の定めるところにより、国際社会の平和と安全を確保するために国際的に強調して行われる活動及び公の秩序を維持し、又は国民の生命若しくは自由を守るための活動を行うことができる。**

まさに現在の有事法制の問題点である許可事項列挙型（ポジティブリスト）になっています。このような規定は全くいらないものです。ポジティブリストの弊害については高橋和之の章で述べた通りです。

ポジティブリストにしては絶対に駄目なのに、自民党はこういう愚かな文言を掲げては右翼気取りをするのは本当にやめて欲しいものです。

**◆第九条の二　4**
**前二項に定めるもののほか、国防軍の組織、統制及び機密の保持に関する事項は、法律で定める。**

第九条の二第一項で統制について記載しているのに、なぜもう一度出てくるのか意味が分かりません。機密保持は憲法典に記載があろうがなかろうがどのみち法律で定める内容なので、憲法典に書き込むような内容ではありません。別に殊更書くなとは言いませんが、威張って書くような内容では全然ありません。

**◆第九条の二　5**
**国防軍に属する軍人その他の公務員がその職務の実施に伴う罪又は国防軍の機密に関する罪を犯した場合の裁判を行うため、法律の定めるところにより、国防軍に審判所を置く。この場合においては、被告人が裁判所へ上訴する権利は、保障されなければならない。**

この規定は軍法会議のことを指しています。なぜ、軍法会議のことを取り上げているかというと、現行憲法では七六条二項で特別裁判所を禁止する規定が盛り込まれています。この条文でいう特別裁判所が軍法会議を指しているのです。有事などの極限状態でも軍隊を機能させるには通常の刑法よりも思い罰則を持つ軍刑法と一審で即決裁判の軍法会議が必要になります。

**◎憲法第七六条二項**
**特別裁判所は、これを設置することができない。行政機関は、終審として裁判を行ふことができない。**

ここで問題です。果たして辻元清美議員は自民党案の表現で納得するでしょうか。共産党や社民党はともかくとして、自民党は民主党をこの規定で説得しようとしているのには笑えてしまいます。また、今は共産党よりも左傾化している維新の党は、この表現で納得するのでしょうか。

維新の党といえば、例えば落合貴之議員は「憲法九条こそが日本の武器だ！」など共産党よりも左傾化したことを選挙ポスターに掲げているくらいです。こういう人たちが「軍法会議じゃないから大丈夫だ」などと言って納得するわけがありません。

◆各国の事例

イギリス

・常設ではない

・有罪の評決は全て「審査機関」が審査をする

・軍法会議の決定に不服の場合、軍法会議控訴裁判所へ控訴が可能

・軍法会議控訴裁判所の決定に不服の場合は最高裁判所への控訴が可能

ドイツ

・基本法（憲法）に軍事裁判所に関する規定があるが、根拠法が未整備のため未設置

・通常裁判所の裁判が適用される

アメリカ

・被告の階級、刑罰によって三種類の軍法会議が設けられ、いずれかで裁判が行われる

（高等軍法会議、特別軍法会議、簡易軍法会議）

・軍事控訴裁判所への控訴が可能

現在の最高裁判所を前提にしている審判所をつくることなら、現行法でも出来てしまいます。わざわざ憲法改正をしなくても出来てしまうことを掲げて威張っている時点で愚かということです。

### ◆第九条の三
**国は、主権と独立を守るため、国民と協力して、領土、領海及び領空を保全し、その資源を確保しなければならない。**

規定したからといって何か意味があるのかという内容です。日本国憲法用語でプログラム規定と言われるもので、要はただのお題目です。

そして、自民党は言葉の定義を全く理解していません。「主権」と「独立」は何が違うのでしょうか。次に「国」と「国民」が協力をするというのがおかしいです。国民は国を構成する一つで、別の存在ではありません。正しくは政府が国民と協力をするのです。自民党案は現在の日本国憲法が国と政府の区別がグチャグチャなのをもろに引き継いだ内容です。

領土・領海・領空も一言「領域」とすれば済む話です。「その資源」とは国内のものしか駄目だと読み取れるのですが問題ないのでしょうか。中東から輸送している資源は含まなくなってしまいます。国際政治を少しでも考えてほしいものです。自民党は憲法学者に向かって国際政治を知らないと言いながら、自分たちが全く知らないのには呆れるほかありません。

**青井による自民党改憲案批判を批判する**

ポイント

・「改正草案」の提唱する国防軍は、現在の自衛隊から組織の性質を一八〇度、転換させるものであり、単なる「看板のすげ替え」にはならない。この点に、大きな特徴を有している。

・【問題点①】そのような転換をもたらす規定ぶりであるにもかかわらず、「改正草案」や「Q＆A」からは、制度の具体的なありようがみえない。「国防軍」という巨大な実力装置をどのようにコントロールするかは、大きな問題である。「改正草案」の構想は、軍隊を扱う設計図として不安定だ。

・【問題点②】これまで現行憲法九条の謳う平和主義を実現するためになされてきた様々な試みが、重要な基盤を失って、うたかたのように消えてしまう危険性がある。

（170ページ）

青井が本当に安全保障を理解した上で主張しているなら、かなり悪質な内容です。実態が何も変わらない（むしろ今まで以上にポジティブリストを増やして縛っている）のにも関わらず、予防線を張って大騒ぎをしているだけです。

自民党改憲案は現行の自衛隊法を変えなくてもそのまま使える憲法典になっています。こんなものは役立たずに決まっています。

「制度の具体的なありようがみえない」というのは、現行の自衛隊を軍隊だと思っている時点で見えるわけがありません。

「『国防軍』という巨大な実力装置をどのようにコントロールするかは、大きな問題である」これについては、護憲派の皆さまご安心下さい。ある飲み会で「お国のためならいざとなったらクーデターでも起こしてやる！」と怪気炎を上げていた自衛官たちに対して私が「片山さつき」氏の名前を言った瞬間にそれまで盛り上がりが嘘のようにお通夜ムードになる様子を見たのは一度や二度ではありません。自衛隊の高級幹部などは所詮、財務省主計局から予算を取ってくることができないヘタレ連中です。そして、現場の自衛官に全てのしわ寄せがいく仕組みになっています。

ですから、「憲法改正で戦争になる」などと思っている護憲派の皆様安心して下さい。魔法の呪文を教えてあげましょう。

「か・た・や・ま・さ・つ・き」

自衛隊関係者が片山さつき氏を恐れるのは、当人が財務省防衛担当主計官として中央公論（二〇〇五年一月号）へ以下の寄稿をしているからです。

（以下、抜粋）

**『財務省担当主計官からの警鐘　自衛隊にも構造改革が必要だ』**

小泉政権は、二〇〇三年一二月の弾道ミサイル防衛（ＢＭＤ）導入を決断する際の閣議決定で、「自衛隊の既存の組織の装備等の抜本的な見直し、効率化を行うとともに厳しい経済財政事情等を勘案し、防衛関係費を抑制していく。このような考え方の下、新中期防衛計画（中期防）を平成一六（二〇〇四）年末までに策定し、その総額の限度を定める。新たな防衛計画の大綱を前もって策定する」ことを明言した。（中略）

他の先進国に比べ目立って遅れた「軍事革命（ＲＭＡ）」への対応とともに、小泉政権の基本方針である公的部分の効率化を含む構造改革の流れに沿った「防衛の構造改革」とも位置づけられるものである。いや、象徴的な意味だけではなく、現象面でも典型的な構造改革騒動であった。予算折衝の過程で、お定まりの抵抗勢力まで飛び出してきたからだ。

一部の報道では、危機的な財政事情をタテに経費圧縮を図る財務省案に対し、災害対策やテロ対策に必要なマンパワーの削減を拒む防衛庁案という形で、対立の構造が描かれていたかもしれない。しかし、抵抗勢力の反対は、防衛思想の違いによるというよりは、道路公団や郵政の民営化問題で騒ぎになったような公務員のリストラ反対闘争や、構造改革により地方が切り捨てられるとの不安をマッチポンプ的に煽るような性質のものだった。しかも、そのために防衛庁内局のグリップも振り切り、シビリアン・コントロール無視の動きさえ現れてきた。（後略）

**財政当局として譲れない一線**

（前略）小泉政権の経済財政政策の大方針として、①あらゆる分野での聖域なき構造改革、歳出削減、②一般会計・一般歳出とも実質的に前年度以下にする「改革断行予算」、③二〇一〇年前半に基礎的財政収支を黒字化する、などがある。

二〇〇四年一一月、財務省は、財政審議会の求めに応じて、基礎的財政収支黒字化達成のためには、この一〇年間で消費税を二一％に引き上げるか、防衛費も含めた国債費以外の全経費を毎年、マイナス二・九％ずつ削減して一〇年間で三分の二にするかのどちらかになるとの試算を発表した。現実の答えは、この二つの組み合わせになるだろうが。

現在、日本は、他の先進国に類を見ない膨大な公的債務を抱えている。この状態で、財政運営を少しでも誤ったら、低成長下での悪しき金利上昇を招き、国民生活全体の窮乏化につながる。

谷垣禎一財務大臣は、二〇〇四年一〇月、新規国債発行の減額を小泉首相に約束しており、聖域なき歳出削減は待ったなしの状況にあった。

（前略）昭和六十二年度に、GDP比一％枠が突破されてからは、特にこの財政規律が重要になっており、防衛大綱上のストックの水準は、財政民主主義の下での歯止めそのものである。大綱上のストックは財政事情に関係なく、理想を負うものという考え方には与しえない長年の積み重ねがある。

**能力低下**ではなく**高度化**だ
財政事情から防衛関係費が削減されることになっても、決してそれは防衛能力の低下に必然的にはつながらない。具体的に何を削って何を増強するかによるからだ。
冷戦の終結によって見通しうる将来、日本に対する大規模部隊の上陸、大量の戦闘機や大規模艦隊の襲来といった、本格的な武力侵攻の可能性は大幅に低下した。（中略）
この場合、再編の対象は、陸上兵力で言えば戦車、火砲、対戦車用ヘリ。海上兵力では護衛艦、対潜哨戒機。航空兵力では、戦闘機などの作戦用航空機など。冷戦型の正面装備になる。

## 現有勢力維持の根拠は薄い

われわれは、今回の大綱別表の議論の中で、防衛庁の陸上自衛隊七〇〇〇人増員との当初案に対して、十月の初めに四万人削減を打ち出した。冷戦型の見直しは理論上、陸上自衛隊中心にならざるをえない。（中略）

自衛官については、陸上自衛隊は大綱で定員が規定され、その他については毎年の予算査定を経て、防衛庁設置法を改正するやり方で、財政規律が効いていることになっているからこそ、定数削減の対象外となっているのであり、行政管理局に代わって定員監理に責任を負っているという一面がある財政当局としては、「せめて、一般公務員並みの効率化努力はしてくれ」、くらいは言わざるをえない。いかに防衛という任務が特殊であっても、最小限のインプットで最大限のアウトプットという政府全体の努力の例外たるべきではないからだ。（中略）

しかし、一九九〇年から現在までの縮減割合を見ると、主要先進国では、正規軍の人数が三〇～五〇％、戦車が五〇～六〇％、海上兵力（トンベース）一五～二〇％、航空兵力一五～五〇％のマイナスとなっている。一方、日本は、人員二％、戦車一八％のマイナスで海上兵力は三〇％増、航空兵力四％増となっている。

（要旨）

・陸自を中心に正面装備は他の先進国並みに削減する
・RMAで効率化すれば人員削減はできる

緊張が高まる東アジア情勢の中、冷戦終結後のヨーロッパ並みに軍縮しろと言っています。「これまで現行憲法九条の謳う平和主義を実現するためになされてきた様々な試みが、重要な基盤を失って、うたかたのように消えてしまう危険性がある」と思っているそんなあなたに魔法の呪文。

「か・た・や・ま・さ・つ・き」

大丈夫です。こんな自民党改憲案みたいな憲法典をもったところで、財務省主計局に喧嘩を売る根性が自衛隊どころか政権になければまったく意味がありません。

**親日派アメリカ人が抱く危機感**

アメリカは日本が集団的自衛権を行使するのみならず、防衛予算を増やして自衛隊の人員を五万人くらい増やしてくれることを前提に二〇一六年度の予算で在日米軍の人員を五万人減らすことを決定しました。

アメリカはいい加減米軍を日本に駐留させる財政負担が厳しいので、日本が肩代わりしてくれるものと思っての人員削減に踏み切りました。これにより、日本は従来のように「金だけアメリカに渡してあとはごめんね」という事ができなくなりました。

アメリカでも親日派の事情通は現在の有事法制改革のぐだぐだを理解しているので危機感を持っていますが、やや親日派の人たちは日本が防衛力を強化してくれるものだと勘違いしています。さらに事情通の人たちからは、安倍首相は実は親中派ではないかと言われています。集団的自衛権や防衛力強化を謳いながら、ポジティブリストを強めて余計に自衛隊をがんじがらめにして動けないようにしている一方で防衛予算もGDP比一％以上にしないなど十分な防衛力強化を行っていない、二階や岸田とかを側に置いているなど、ポーズばっかりで中身が伴うことを何一つしていないと思われています。

中途半端に日本の事を知っている親日っぽい中間層の期待をさせていることが、非常に怖いです。そういう人たちが親日派のなかでは多数派なので、「日本がアメリカとの対等のパートナーを目指してくれる第一段階だ」と勘違いして安心して在日米軍を五万人削減したところで、実は日本は防衛力強化をしないので、騙し討ちかとそれらの人たちを失望させる危険性があります。

青井をはじめ、護憲派の皆さん、「か・た・や・ま・さ・つ・き」を超えるもっと強い魔法の言葉を教えて差し上げましょう。

「き・の・し・た・や・す・し！」

これはいかなる政権でもひれ伏す最強の呪文です。少なくとも自民党政権が続く限りは効果を発揮します。安倍首相で勝てないなら、自民党の他の誰も木下康司元財務事務次官に勝つことは出来ません。

青井は心配しすぎキャラです。自民党改憲案で日本が戦争の出来る国になるということはありません。申し訳ないですが、よりによって磯崎議員のような改憲派を取り出して代表させるのをやめて下さい。せっかく筆者の師匠である鳥海靖氏の名前を出すのですから倉山満を名指しして喧嘩を売って欲しいものです。「鳥海靖の不肖の弟子・倉山満」と一言でも言ったら、その後に起きる事態は全てあなたの責任だという前提で（笑）。

## 国際法の理念？

**伝統的な国際法では、国家の安全は「戦争に訴える自由」を背景に図られるものであった。しかし今日、戦争は原則的に違法とされている。この点を押さえておきたい。**

**（中略）**

**しかし不戦条約は、戦争禁止を一般的に定式化した点において一定の成果を挙げたものの、大きな抜け穴があった。昔ながらの宣戦布告をして始められるのではない、「事変」に対処できなかったことはその一つである。**（170～171ページ）

ウェストファリア体制における「国家による決闘」としての戦争、つまり「宣戦布告により始まり講和により集結する戦争」は国連憲章により違法化した結果、全て平時と戦時の区別がなくなった紛争（事変）になったのはよいのでしょうか。「事変」に対処できなかったと仰っていますが、第二次世界大戦後に起きた武力紛争は全て「事変」です。

名称が「戦争」と付けば戦争なのでしょうか。一九四五年を最後にしてその後一度として宣戦布告は行われていないので、定義上の「戦争」は起きてないことになるのですが、そのことについて何も触れられていません。

青井の内容はドサクサに紛れて日本の悪口を言った以外に何も内容がありません。「日本が悪い国です」というのが国際法だと言っているに過ぎません。全く国際法がなにかということを理解していません。

## 改正草案の姿勢に対する疑問？

**「改正草案」第二章が章題に「安全保障」という文言を掲げていることに、どうしても引っかかりを感じる。**（171ページ）

どうでもいいじゃないですか、自民党だから。青井さんは心配しすぎです。申し訳ないですが、自民党はそんなに頭の良い政党ではありません。

章の題名などどうでもいいことなのですが、そこまで心配ならば「安全保障」という章を廃止して、「統帥権を天皇に」という章にしましょう。せめて、それを掲げる党が出てきてからこういうことは言って下さい。結局、これくらいしか改憲派叩きが出来ないという青井さんの底が透けて見えてきます。

**一八〇度の転換であること――自衛隊との違い**
**冒頭のポイントでも述べたように、「改正草案」の構想するとおりに軍事的な安全保障政策（安保政策）を変更するとなると、たいへん大がかりな、根本的な変革となるはずである。それは、国防軍と自衛隊では、制度の本質に関わる論理が全く異なるためだ。**（173ページ）

自衛隊との違いを青井は述べていますが、これまで解説してきたように現行の自衛隊と何が変わるのかが全く分かりません。

**大日本帝国憲法（以下、明治憲法とする）は、陸海軍の統制に失敗してしまった。**

**これに対して日本国憲法の下では、とにもかくにも、約七〇年近くにもわたり、日本の名において外国で人を殺してきてはいない。また軍縮外交においても平和国家として、それなりの存在感を示してきている。（中略）いずれも第九条が「軍を否定している」と理解してきたのであった。**（174ページ）

憲法九条が自衛隊を軍隊にさせなかったとだけ書いていますが、安心して下さい、この自民党憲法案でも自衛隊は軍隊ではありません。名前に軍とつく以外に今までと何も変わらないっていません。

それはそうと、青井は自民党憲法案の内容を検討するとしていながら、自分の問題提起に対して何も答えていません。章の冒頭に「根本的な変革」「国防軍と自衛隊では、制度の本質に関わる論理が全く異なる」と問題提起をしておきながら、唐突に集団的自衛権など関係ない話を入れてみるなど、書籍の編集としておかしいです。

「自衛のための防衛組織から国防軍へ」などと書いていますが、自衛のための組織と国防軍の何が違うのかも分かりません。おそらく言葉のイメージだけでこのように書いているのであって、もし青井が物凄く悪賢い人なら予防線を張って大騒ぎをしているだけなのですが、恐らくは青井の黒幕に当たる人物がそれを考えて、青井が大騒ぎをする役割を演じていると見るほうがよいでしょう。

これまで政府は、自衛隊が軍隊とは異なることの例として、日本に軍法そして軍法会議が存在しない点を、しばしば挙げてきた。この点につき、国防軍を創設しようとする「改正憲法案」は、その第九条の二第五項で、「国防軍に属する軍人その他の公務員がその職務の実施に伴う罪又は国防軍の機密に関する罪を犯した場合の裁判を行うため、法律の定めるところにより、国防軍に審判所を置く。この場合においては、被告人が裁判所へ上訴する権利は、保障されなければならない」と規定して、軍法会議を置く。

これは、国防軍を創設する以上は、必然の変化といえる。軍にとって軍法会議は本質的なものであり、それは軍の特殊性と大きく関わっている。軍は本来の役割を緊急事態での活動におくものであり、集団行動で戦闘に従事する力を有するのであるから、規律をもって統制され一体としての性格を持たなければならない。そこで、〈軍紀の維持〉が重要なのである。そのための手段が軍法であるというのが伝統的な理解であり、軍法は市民法とは異なるものと位置づけられる。軍紀の維持が目的であるからこそ、通常の犯罪についても、処罰の対称となるのである。（177ページ）

このように正しいことを部分的に記述するので、全てが間違ったことを主張する人よりもたちが悪いのです。

**目的が軍の論理の貫徹にある以上、私たちの自由や権利との衝突が、これもまた必然的に生じることになる。**（178ページ）

これは彼女の論理によれば仕方がないのではないでしょうか。

**四　どう変わるかが明らかではない**（178ページ）

これまで自民党憲法案により自衛隊が国防軍になることで根本的に変わると散々記載した後に、第四章の題目が「どう変わるかが明らかではない」と書いていますが、「お前が変わると言ったんだろ‼　言ったのはお前だろうが‼」と言いたくなります。どう変わるか明らかでないという青井の主張については自民党に責任をもってきてはいけません。

**そして国防軍の指揮について、「改正草案」第九条の二第一項・第七二項第三項の規定は内閣総理大臣を『最高指揮官』としているが、明治憲法の失敗を前にするなら、構想には細心の注意が必要である。軍という自律性の高い組織を統括するのは、「行**

政各部の指揮監督」や「その総合調整」（「改正草案」第七二条第一項）とはわけが違う。だからこそ「改正草案」も行政各部の指揮監督とは別の条文を立てて、「内閣総理大臣は、最高指揮官として、国防軍を統括する」（「改正草案」第七二条第三項）としているのであろう。これは先に挙げた「権限」を定める自衛隊法第七条と異なり、内閣総理大臣の「地位」を定める形式となっている。

地位から権限が過剰に引き出される潜在的な危険性が指摘されるべきであろう。このことを前提にさらに、軍という強力な実力装置を現実に統括するには、いうことを聞かせられるだけの「権威」がなくてはならない点に注意を払いたい。内閣総理大臣を最高指揮官とすることで、事が解決するものだろうか。現行憲法及び「改正草案」の用意する統治機構上、国民が直接に内閣総理大臣を選ぶ仕組みでないために内閣総理大臣の民主的正当性は強くない。その上、「改正草案」は天皇の権威を広げようとしている（「元首」「天皇を戴く国家」等の文言を参照）。そのようななかで内閣総理大臣は、実際に統括に必要な権威を調達しうる仕組みとなるのだろうか。（180ページ）

青井は首相公選制でないから民主的正当性は強くないと主張していますが、だれか青井に「憲政の常道」という言葉を教えてあげて下さい。天皇の権威をここで取り上げることも関係ありません。

より現実に即した疑問としていえば、日米安保条約の下で、有事の際に米国を頼みにしないという想定はありえないところ、そして有事の際の指揮権が米国にあると了解されるなかで、そもそも〈国防軍の最高指揮官〉とはどういう存在として考えられているのか。（180ページ）

この疑問については〈国防軍の最高指揮官〉たる内閣総理大臣が米国の指揮権を認めているので問題になりません。過去の事例でいうと北清事変の統帥権の論理が参考になります。北清事変では八カ国が連合軍を結成してドイツ人の指揮官であるバルデルゼー将軍の指揮下に入りましたが、帝国陸海軍は天皇が統帥しているのに問題がないのか議論になりました。この時に「統帥権の保持者の天皇が許可していることなので良い」となりました。青井の疑問にはこれで回答できます。こんなに大仰にドヤ顔をしてとどめを刺してやったぜ！　みたいに言うほどの内容は全くないのです。

### 宣戦布告と講和

仕組みが不明分である点の二つ目として、宣戦布告に関する権限や講和に関する権限を規定した条項は「改正草案」にないことが、挙げられる。これは宣戦布告をして行われる「戦争」（先に述べたように、現在では国際法上、一般的に違法とされている）が「改正草案」第九条で放棄されているためであろうが、では「事変」のような戦争宣言のない戦争状態のタイプは、憲法上どのようにコントロールされるのか。

この点について留意したいのは、「我が国の平和と独立並びに国及び国民の安全を確保する」（「改正草案」第九条の二）ことは、軍隊を領土の外で使うことと非常に近い関係にある点である。国及び国民の安全は、軍隊が国外で戦うときに、もっともよく守られているといえる。したがって、国防軍を規定する以上、先制攻撃も視野に入ってこよう。名称が「新憲法草案」での「自衛軍」でなく「国防軍」とされるのは、その動きを活発化させるものと思われる。（181ページ）

国連憲章で宣戦布告が廃止されたと言っておきながらいきなり、「宣戦布告と講和」の話が出てくるのでしょうか。なにより理解に苦しむのは名称が「自衛軍」でなく「国防軍」なら先制攻撃が視野に入るということなのですが、その理屈が全く不明です。これまで見てきたように国際法上は挑発をされたなら先制攻撃をして一向に差し支えありません。また、名前は自民党の趣味の問題でどうでもいいのです。青井は繰り返し国防軍と自衛隊は大きく違うと主張していますが、その根拠が全く不明です。結局、青井は心配しすぎキャラなのです。

## 長谷部恭男が自民党に呼ばれたのは、共産党が倉山満を呼ぶようなもの

青井と同じく『改憲の何が問題か』（岩波書店　二〇一三年）にて、長谷部恭男早稲田大学教授（以下敬称略）は「憲法・アメリカ・集団的自衛権」という章を記述しているので、これについても論評したいと思います。

余談ですが長谷部恭男といえば自民党の船田元議員が安保法制についての与党参考人として選んだ人物ですが、なんとこの長谷部は自民党に選ばれた参考人であるにも関わらず「集団的自衛権は違憲」と国会で発言したことで有名です。長谷部の経歴を見れば分かるように、これは共産党が倉山満を参考人で連れてくるようなものなので、あり得ないことです。共産党だったら絶対に身元チェックをします。これは船田議員の人選ミスとしか言いようがない出来事でした。

**ポイント**

- **国家間の関係は、各国の憲法原理によって規定される。**
- **各国は憲法によって政府の戦争権限を抑制しようとしてきた。**
- **集団的自衛権の行使を禁止する日本政府の有権解釈には理由がある。**

・「法の解釈」とは良識に適う妥当な結論を、多様な論拠で支える作用である。（71ページ）

国家間の関係は憲法だけでなく国際法も関わってきます。国際法と憲法の等位理論は前述したとおりなのでここでは繰り返しません。

戦争権限の抑制というのは間違いではないのですが、全くその気がない北朝鮮について長谷部先生が何かこれまで仰った事があるのか、是非ともお聞かせ願いたいです。正論だけ言っているからといって、これまで何を発言してこなかったかを指摘しない甘いことを言うつもりはありません。

集団的自衛権を禁止する理由。これは簡単です。日本政府よりも内閣法制局の方が上だからです。内閣法制局は日本の支配者になれるということです。

「『法の解釈』とは良識に適う妥当な結論を、多様な論拠で支える作用である」とは神話であって、日本国憲法下では通用しない話です。

一　戦争と憲法

**日本国憲法はアメリカの贈り物である。日本の憲法原理はアメリカのそれと等しい。個人を尊重し、多様で相対立する世界観・価値観の存在を認め、その公平な共存を目指す立憲主義の憲法原理である。アメリカとの関係を確固たるものにしたいとき、歴**

史の反省を踏まえて大切にしなければならないのは、まずこの憲法原理である。それは、南北戦争に敗れたアメリカ南部諸州が、奴隷を開放し人種の平等を求める憲法原理を、たとえ「押しつけ憲法」であっても大切にしなければならないのと同様である。

（71〜72ページ）


アメリカの贈り物！

日本の憲法原理はアメリカのそれと等しい！

南北戦争に敗れたアメリカ南部諸州！

つまり日本国憲法は占領基本法だということです。

長谷部は筆者がこれまで論じてきたような事を分かっている上で、このような事を言っています。筆者は「アメリカ南部とナチスと大日本帝国は国際社会に出て行けば三つの悪い国だと言われる」と日頃言っています。なぜなら、自分で日本は悪い国だと宣伝して回っている長谷部のような日本人がいるからです。

## 二　戦争権限—アメリカの事例

アメリカ合衆国憲法は大統領を軍の総指揮官とする一方で、「戦争の宣言 declare war」を連邦議会の権限としている。連邦議会に戦争開始の決定権を与えて、政府による不用意な軍事行動を抑制するのが、「戦争の宣言」を議会の権限とする合衆国憲法の趣旨である。

ところが、敵国の急襲のような緊急時に、連邦議会の同意なしで軍を出動させる権限が大統領にあることは建国当初から疑われていなかった。さらに、自分の手を縛られたくない政府は、「戦争 war」とまでは言えない規模の武力紛争での派兵については、議会の同意は不要だと一貫して主張してきた。その結果、連邦議会の事例の同意を得ずに兵を送り出すことが通例となっている。もちろん、正式の「宣戦布告」がなされた例もごくわずかである。建国以来、ほぼ毎年のように戦争を遂行してきたアメリカだが、正式の「宣戦布告」をしたことは、五度しかない。議会の側も、発言権を強化しようといろいろ努力してきたが、大統領の戦争権限を実効的に抑制することに成功したとは言い難い。（73ページ）

長谷部が勘違いをしているのは、アメリカの「戦争」とは規模の大小や国際法の定義である「宣戦布告で開始され、講和で終結」するとは全く関係なく、議会が大統領に臨時権限を与えるための法的状態のことをいいます。初代大統領とされているジョージ・ワシントンは独立革命軍の最高司令官でした。

アメリカ大統領は権限が全くないので普段は仕事がほとんどありません。例えば大臣の任命権は議会であって大統領にはありません。長官はいちいち議会の証人喚問を受けています。そのため、普段の仕事の半分は儀式で、日本の天皇と同じです。そんななか、アメリカ大統領の唯一の仕事が戦争といわれています。そのため、歴代大統領のなかで第一次世界大戦後に就任したハーディングは仕事をしない良い大統領と言われました。汚職をやろうがなにをやろうが仕事（戦争）をしないから良い大統領というわけです。だから、アメリカでは仕事をしない大統領が一番偉いのです。このくらいアメリカの戦争権限法は特殊なものなのです。

長谷部はアメリカの戦争権限法について解説をしていますが、戦争について実態説をとろうが法的状態説をとろうが国際法と関係ありません。アメリカの言う「戦争」とはあくまでアメリカの国内法の用語です。

「議会の側も、発言権を強化しようといろいろ努力してきたが、大統領の戦争権限を実効的に抑制することに成功したとは言い難い」というのは当たり前の話です。議会が戦争を許可した時にしか戦争を認めないのだから、議会に戦争を抑制する気がないかぎり無理な話です。

あれほど好戦的なアメリカ人に抑制する気があったのかを歴史的に疑うべきです。アメリカが戦争をやめようとしたのは、アンドリュー・ジャクソンが不意打ちで勝つまで連戦連敗だった英米戦争、パーマストンに恫喝されてすごすご引き下がった時、第一次世界大戦で戦争に嫌気が差していた第二次世界大戦前の三回だけです。

## 三　集団的自衛権

さて日本の話である。自民党が最近用意した改憲草案を見ると、九条を改正して「国防軍」を置くとする一方、その出動について国会の事前の同意を憲法原則とはしておらず、具体の制度は法律に委ねることとされている。憲法の条文のうわべを見る限りでは、アメリカ以上の好戦国家だということになりかねない。（74ページ）

国会の事前承認がないからアメリカ以上の好戦国家？　日本ってそんなに好戦的だそうです。あとは話が分裂しすぎてて論評することが難しいので割愛させていただきます。

逆に言うと、たとえば日本が武力攻撃を受けて、それに対処するためにアメリカ軍と自衛隊が共同行動をとっているとき、アメリカ軍への攻撃に対して自衛隊が反撃することは、憲法で禁止されてはいない。従来の政府見解でも、こうした反撃は、わが国の自衛の範囲内であり、その場所がたとえ公海上であったとしても、自衛隊による変激を否定するのは、常識的に奇妙なことだとされてきた（注釈）。（75〜76ページ）

（注釈）こうした行動は「自衛隊がわが国を防衛するための共同対処行動の一環としてその攻撃を排除する」ことであり、「わが国の自衛の範囲内」にあるとされる

（一九八三年二月五日衆議院予算委員会での角田内閣法制局長官答弁）。場所が公海上であったとしても、そうした場所での自衛隊の反撃を否定するのは「常識的にはいかにも奇妙なこと」だとされる（一九七五年一〇月二九日衆院予算委員会での宮沢外務大臣答弁）。（79ページ）

自衛隊が米軍と一緒にいるときに、一緒にいる米軍が攻撃された時に自衛隊も反撃することは従来から否定されていないということを安倍首相がこれまで勝手に個別的自衛権と言っていたのを集団的自衛権だというわけです。それに対して維新の党が今までだって個別的自衛権でやってきたのだから、個別のままでいいではないかと批判しています。そもそも個別的自衛権と集団的自衛権は日本だけが議論にしているものです。

李氏朝鮮という国では日露戦争で中立宣言をしたにも関わらず、日本が中立違反をして朝鮮半島に派兵したと今だに大韓民国という国ではがなり立てています。ではそれを国際法違反として韓国以外から抗議されたかというと、まったくそんなものがありませんでした。なぜなら当時、朝鮮国内にはロシア軍が駐留していたためでした。

当時の李氏朝鮮が中立宣言をするなら、ロシア軍を朝鮮半島から追い出さなければなりません。つまり、紛争当事国の一方を国内に入れている時点で事実上の同盟関係とみなされ、その国の紛争（戦争）行為に加担していることになります。これらはウェストファリア体制の宣戦布告と講和によって有事と平時の区別がつく時代の話であって、現代はそれらの区別がつかない時代になっています。

そういえば朝鮮戦争はまだ休戦であって、戦争は継続中でした。とてもそうは見えませんが日本は朝鮮戦争における国連軍の同盟軍であるので、北朝鮮の敵国だから集団的自衛権を日本は毎日行使しています。イラク戦争やアフガン戦争もアメリカが一方的に戦争終結宣言をしましたが、それはアメリカの国内法としての戦争であって、国際法とは全く関係ないです。イラクやアフガニスタンでは毎日テロが頻発して中東全土にテロが拡散されています。

個別的自衛権と集団的自衛権を分ける事に全く意味はありません。宣戦布告のある時代ですら全く意味のない区別だったものが、今ではますます意味が無いわけです。

## 四　法の解釈とは何か

ここで問われているのは、法律の解釈とは何かである。憲法九条二項の規定は、「陸海空軍その他の戦力は、これを保持しない」とする。平和に向けた決意表明としては尊いが、現実問題として、なんらかの実力組織も備えないで領土の保全や国民の生命・財産の安全を図れるかと言えば、それは無理であろう。だから「戦力」と言い得るほどの規模・能力の部隊を保持することはできないが、自衛のための必要最小限の実力であれば、保持は禁止されない。そうである以上、国際社会の平和と安全という一般

**公益のために自衛隊が活動することもない。あくまで、自国の安全が脅かされている場合にのみ行動する。ほどほどの知性と良識を備えている人であれば、納得のいく理屈ではなかろうか。**（76ページ）

「ほどほどの知性と良識を備えている人であれば、納得のいく理屈ではなかろうか」などと愚かな事を言っています。自民党はこんなことを言う人を参考人に推薦してよろしいのでしょうか。

とある自民党の心ある人は、船田議員が長谷部を国会の参考人に送り出したと聞いた時、船田議員がどうやって護憲派憲法学者の長谷部の弱みを握ったのだろうかと思ったそうです。長谷部に言い聞かせて自民党に都合の良い答弁をさせることは、家族を人質にとる等なければまず不可能です。

逆に筆者が長谷部の立場で考えると、どんな罠が仕掛けられているのか考えてしまいます。ところが、長谷部が国会に行ってみると何の罠もなかったという状況でした。だからこそ、「集団的自衛権の行使は違憲」だと言うことが出来たといえます。

**九条に関する従来の政府の解釈、とくに集団的自衛権に関する解釈を変更すべきだという議論がある。頼まれてもいないのにオッチョコチョイで変えようというのでは**

**なく、本当に「解釈の変更」が必要なのか。九条の条文との関係を意識しながら良識に適った結論を具体の場面ごとに支えることではなく、「解釈の変更」が自己目的化してはいないだろうか。**（76〜77ページ）

解釈の変更が自己目的化ということについては、自民党に言ってくれという内容です。世間一般の人にとって信じられないでしょうが、護憲派左翼にとって今の内閣法制局や最高裁は右翼権力主義者に見えているのです。何故ならそれらは原理主義でなく権威・権力の方が好きだからなのです。

砂川判決などは護憲派左翼にとって屈辱を感じています。筆者から見てもあまりにデタラメな判決に屈辱を感じていますが、彼らから見ても屈辱なのです。

## 共産党すら右翼に見える?水島朝穂

『伊藤真が問う　日本国憲法の真意』(日本評論社)で水島朝穂早稲田大学教授(以下敬称略)が「日本国憲法九条の真意とは――集団的自衛権行使容認が認められないわけ」で憲法九条について記載をしているので、論評をしていきます。

長年にわたり「平和国家」としての「ブランド」(米軍基地をもち、自衛隊が海外展開する実態があっても)を維持し、少なくとも、武力行使のために乗り込んでくる国ではないというイメージを定着させてきた日本にとって、安倍流「積極的平和主義」は、軍事に積極的な「平和主義」に変質させようというもので、大いに危険なのです。しかし、最大の皮肉は、その安倍首相が、過激派組織ISによる日本人人質事件発生後の一月一七日にカイロで演説した、ISとたたかう周辺国に支援すると言った二億ドルが「非軍事で人道的なもの」であると必死になって弁明していることです。また、その演説の人質事件との関連について、国会での追求に一貫して否定を続けています。つまり憲法を無視して七・一閣議決定(二〇一四年)で集団的自衛権の行使容認をしたことが、かえって自国民の命を危険にさらすことがこれで明らかになったわけです。

（74〜75ページ）

「米軍基地をもち」と言ってますが、在日米軍基地は日本の持ち物ではありません。それはともかくとしてダーイッシュ（ＩＳ）事件でテロリストよりも安倍首相を叩くのかというのは誰にも理解できないことではないでしょうか。集団的自衛権とは全く関係のない出来事です。ダーイッシュは日本の世論を撹乱するためだけにああいった行動を取ったわけですが、そのテロリストの思惑にまんまと乗っている水島のような憲法学者はいったい何なのでしょうか。

## Ⅰ　憲法九条の真意　１「立憲主義と平和主義」をどう捉えるか

平和主義と立憲主義では、長谷部恭男教授が『憲法の理性』（東京大学出版会、二〇〇六年）の第一章「平和主義と立憲主義」のなかで「温和な平和主義」について述べています。長谷部氏は「自衛のための必要最小限度の実力を保持することは、現在の憲法の下でも許されていると考えており、むしろ立憲主義の根本的な考え方に、よりよく整合すると考える」といいます。また「自衛のための実力の保持の全面禁止という立場は、準則として理解された憲法九条の文言を遵守することにはなっても、立憲主義に従うことにはならないことになる」ともいいます。

「我々はどんなにせめられても軍隊はもたない」というのも一つの価値の押し付けと

なり立憲主義から反するから、少なくとも必要最小限度の実力のようなものは認めるのが「温和な平和主義」という主張です。

私が「立憲主義と平和主義」の課題に取り組んだきっかけは樋口（陽一）教授の指摘です。立憲主義は当然には平和主義は要求しない。立憲主義と平和主義は当然には結びつかないということです。（75〜76ページ）

護憲派憲法学者がよく使う「必要最小限度の実力」を一度でも定義をしたことがあるのでしょうか。定義をしようとすると「竹槍より強い武器」などと子供じみたことを言い出すのですが。

## 2　憲法九条改正の限界をめぐる議論

ところで、憲法九条の改正限界をめぐっては、もう一つの問題があります。憲法学の通説は基本的人権、平和主義、国民主権は改正できないという点で一致していますが、平和主義だけは、九条の第一項は改正限界をなすが、二項は将来に可能性が留保されていて、限界はないというのが通説的理解とされてきました。私はこれを九条の「一項二項分離論」と呼びます。故・長谷部正安教授も典型的なこの論者です。これを批判したのが、浦部法穂教授でした。浦部教授は「そもそも平和主義」と「さしあたり平和主義」という問題提起をしました。「そもそも平和主義」論は、九条は最初

**から軍事を否定しているという考え方です。「さしあたり平和主義」は、安保条約やいまの状況では自衛隊を否定するが、国民が真に主人公になった民主的な連合政府ができた段階では、九条二項を変えて、自衛のための実力を持つことを否定しないという主張です。**（77～78ページ）

「国民が真に主人公になった民主的な連合政府ができた段階では、九条二項を変えて、自衛のための実力を持つことを否定しない」——これと同じ理屈をウラジーミル・レーニンという人が唱えて「革命前の皇帝の軍隊と革命後の人民の軍隊は違う」と仰ってました。

ということは、自衛隊は駄目だけど赤軍なら持ってもいいんですね（笑）。民主的な連合政府とは何を指しているのか分かりませんが、浦部法穂は大変正直でよろしいです（笑）。もっと正直に「赤軍」といえばいいのに、と思ってしまいます。

**私は一九八五年以来、九条一項の段階で一切の戦争が放棄されているという見解を採り、自衛権否定説を採っています。**（78ページ）

つまり水島は自分を浦部よりも平和主義者だと主張しているわけです。自衛権を否定するというのは凄いとしか言いようがありません。

**3　韓国とドイツはどういう軍隊を持っているか**

韓国では一九八〇年代まで民主化闘争に参加した多くの市民が朴正熙や全斗煥に弾圧されていました。(78ページ)

朴正熙と全斗煥は駄目らしいです。

ドイツでは基本法（憲法のこと、以下同じ）下で、軍隊は徹底的に議会に開かれ、軍人には基本権が保障され、オンブズマンによってチェックされます。軍隊をいわば「市民化」したわけです。「市民化」されるということは、フランス人権宣言以降の一般兵役義務制の民主主義的理念に基づくことです。かつての傭兵はお金で雇われるか、あるいは君主の兵で、忠誠の対象はお金か君主ですが、一般兵役義務制はこれとは違うのです。これは国民軍として、国民が税金と同じように自らの血で自らの国を守るという形態を採りますので、その限りにおいては「民主的」です。傭兵やいわゆる君主の軍隊は人民にも銃を向けますが、徴兵制は人民が自ら銃を持つことで、いざとなったら支配者に銃を向けるかもしれません。そういうリスクを持つ制度なのです。(79ページ)

水島は徴兵制が良いと言っているのでしょうか。やはり人民による赤軍を作れということなのでしょうか。

これらの国と比較して、日本国憲法九条下での日本の市民や平和運動や憲法学での理解というのは、実は「軍事的なるもの」へのリアリティが必ずしも十分とはいえません。私はこれを「軍事的真空状態」と呼んでいます。（80ページ）

自衛権を否定している水島が軍事的なるものへのリアリティが十分ではないと言うのでしょうか。

**5　なぜ、憲法改正をしてはいけないのか**

もし、日本国憲法九条が「侵略戦争はこれを禁止する」という条文だけだったらどうなっていただろう、と考えることがあります。おそらくドイツと同じように徴兵制を持つ日本軍が早い時期に設置されていたでしょう。でも、ドイツと違い、野党の意見を聞いて、軍事的な統制がしっかりしたものになったかは怪しいと思います。日本がこれまで再軍備を行い、実質的な軍隊を持っても、それをまだ軍隊にできないのは、憲法九条があったからです。これを変えてはなりません。（81〜82ページ）

ここでいう野党とは日本共産党のことでしょうか。真面目に国防力を高めるための議論をしている次世代の党でないことだけは確かですが。

**6　突き抜けた平和憲法――制定過程の議論から**

「日本国が列国に先立って、あるいは世界を率いて、平和愛好の平和的条約を現出せしめる。その先駆けになって、自ら戦争を廃棄し、軍備を撤廃することによって、世界の平和を事実ならしめる。この決意に基づいて政府はこの案を提出した」（衆議院一九四六年七月一五日）

（中略）

このような初々しいまでの平和論に対して、共産党の野坂参三は、「正義の戦争」と「不正義の戦争」という二分論に立ち、戦争放棄を「侵略戦争の放棄」に限定するよう迫りました（衆議院一九四六年六月二八日）。（82～83ページ）

最初の吉田答弁の後に共産党の野坂参三が反論した事をちゃんと書いているのは、正直で偉いです。

また、幣原喜重郎国務相はこうも述べています。

「九条は戦争の放棄を宣言し、わが国が全世界中最も徹底的な平和運動の先頭に立って指導的地位を占めることを示すものである。今日の時勢になお国際関係を律する一つの原則として、ある範囲内の武力制裁を合理化、合法化するという如きは、過去における幾多の失敗を繰り返すものであ(る)」と。(貴族院一九四六年八月二七日)(82ページ)

これは明確な嘘です。幣原とマッカーサーの両方の回顧録で幣原から憲法九条を言い出したと書いていますが、憲法九条の原文がマッカーサー・ノートに書いてあるのだから、幣原から言い出したわけがないのです。

憲法九条が二項では普通の陸海空軍だけでなく、「その他戦力」、英語では、「war potential」(ウォー・ポテンシャル)も放棄されています。宮沢俊義『憲法コンメンタール』にでてきますが、初期の学説では軍需産業も含むと書いてありました。「war potential」という表現は、英語では広い概念として使われるのです。だから、自衛隊はその憲法を素直に解釈して運用すれば「war potential」に該当すると、長沼訴訟第一審判決はこれを憲法違反と判断したわけです(長沼訴訟第一審判決(札幌地判一九七三・九・七判時七一二号二四九頁)。(84ページ)

宮沢俊義は軍需産業も憲法違反だとしていました。英語を正文とすれば正解です。長沼判決の一審を持ってくるのはいいのですが、最高裁の判決を持ってこないのは如何なものなんでしょう。野坂参三の発言は事情通ならみんな知っているから書いているけど、水島は共産党のことを右翼と思っているのでしょう。代わりに長沼事件のことは誰も知らないと思って割愛したのでしょうか。

## 7　政府の九条解釈の変遷とそこから見えるもの

ところで、日本政府は一九五四年に統一見解で、「自衛のための必要最小限度の実力」は憲法上許されると解釈し、以来六〇余年これを維持してきました。しかし、原点に戻って考えるならば、五四年の政府統一見解自体が違憲であると、私は考えます。

※一九五四年の自衛隊発足にともない、鳩山内閣は、「一項は独立国家に固有の自衛権までも否定する趣旨のものではなく、自衛のための必要最小限度の武力を行使することは認められている」とした。これにより、第二項が保持を禁止する「戦力」は「近代戦争遂行能力」から「自衛のための必要最小限度を超える実力」に変更され、この政府統一見解の内容は、現在に至るまで維持されている（参議院法制局ＨＰ）。(85ページ)

鳩山内閣での憲法解釈を含めて歴代内閣で憲法解釈がコロコロ変わっていたことを紹介した上で、鳩山内閣の解釈変更がそもそも違憲だと主張するのはストレートで素直でよろしいことです。こういう正々堂々とした人は好きです。水島は共産党まで批判するような人物ですから鳩山内閣などこの人から見れば違憲に決まっているということなのでしょう。ここまで正直だと清々しいものです。

水島の言っていることに歴史的事実として嘘はないのですが、五四年の佐藤達夫法制局長官七二年の吉國一郎長官は全く別の人物であって、日本政府という同一の人格ではないことに触れていません。彼ら護憲派左翼から見れば内閣法制局という右翼権力主義者という同じ人格なのでしょうが、佐藤長官と吉國長官では意図している事が全く別物だということを知らないといけません。

**つまり、一九七二年見解のときは、個別的自衛権ですら、生命・自由・幸福追求を持ちださざるを得なかった。それを集団的自衛権行使の根拠に用いるというのは、あまりにも牽強付会で乱暴な議論です。**（86ページ）

これは鋭い指摘です。「それを〜」より後ろはともかくとして、「個別的自衛権ですら、生命・

自由・幸福追求を持ちだささるを得なかった」という指摘はその通りではないでしょうか。こんなバカな理屈を持ちだしたから、原理主義者護憲派からこうして叩かれるわけです。今も自民党改憲案に受け継がれていますが。

**Ⅱ　憲法と軍事的なものとの関係　1　憲法は軍事的合理性を制限する** (87ページ)

これは間違いです。普通の国の憲法（国際法も）は軍事合理性に合わせます。また、軍の突出を抑えるのが軍事的な合理性です。

**3　大日本帝国憲法下でも軍事的合理性は制限された**

**大日本帝国憲法も四条で「天皇ハ国ノ元首ニシテ統治権ヲ総攬シ此ノ憲法ノ条規ニ依リ之ヲ行フ」と書いてあります。樋口（陽一）教授は、天照大神の国体論と西洋諸国の立憲主義思想を合体させたから、大日本帝国憲法はその四条で天皇も憲法に従っていることに着目します。** (89ページ)

軍隊の突出を抑えることが軍事的合理性なので、これは別物です。天皇が憲法に従っていることは間違いではありません。水島の表現では誤解を招きかねない表現になのでより正確にいうと「天皇も従っている」ではなく、「明治天皇が憲法に従うと決めて、子孫たちに従えと命令した」のであって、憲法に天皇が無理やり従わされたわけではありません。

**一九三五年には、政党間の政争と相まって、貴族院において天皇機関説が公然と排撃され、この説の主唱者である美濃部氏の書物は発禁とされ、貴族院議員を辞職せざるを得なくなりました。美濃部氏が葬られた最大の原因は、統帥権の独立に対する脅威を軍部に与えたから、ということです。**（89ページ）

天皇機関説事件の原因は水島が言うような統帥権うんぬんではなく、現代のお役所と同じで、「増税反対」を言うと政府の委員会に呼ばれなくなったレベルと同じです。水島の言うとおりではありますが、では、今は同じことが無くなったかというとそうではありません。今は存在しない軍部に文句を言う暇があるなら、現代で独走している財務省に文句の一つでも言ってみて欲しいものです。

## Ⅲ　九条の平和主義を突き詰める意義　1　アジア諸国との歴史的制約から改正限界をみる

**憲法九条の平和主義は、日本に課せられた、二度と戦争しないという究極の枷です。ということは、この枷をはずすにはアジア諸国民の同意を必要とする、と先に紹介し**

た韓国公法学会での講演で述べました。拍手が沸きました。ただこれは憲法の解釈論としては難しい。そのような解釈をする憲法学者はほとんどいないと付け加えました。日本国憲法の改正は、九六条に規定するとおり、両院の三分の二の発議と国民投票の過半数でできてしまうからです。（91ページ）

そもそもなぜ、アジア諸国民の同意が必要とされるのでしょうか。韓国人から拍手を貰ったそうですが、「よかったですね」としか言いようがありません。

ドイツはナチスにより甚大な被害を受けたポーランドやフランスなどの周辺諸国に対して二度とそのような体制にならないと確約することになりました。（91ページ）

そして、ドイツを見習え論。

**2　市民にとって九条を活かす対抗構想とは**

四〇年あまり前、長沼事件一審では、小林直樹東大教授（当時）が証人として出廷して、郡民蜂起、外交力を使う、警察力を使うことなどを証言し、判決にもそれが採用されました。しかし、これは「竹槍防衛論」と揶揄されるなど、必ずしもかみ合っ

**た議論に発展しませんでした。**（92ページ）

竹槍防衛論は今でも筆者は揶揄します。本書では取り上げませんでしたが、小林直樹先生は外国が攻めてきたら赤旗（共産主義の象徴）と白旗（降伏の表明）を交互に上げろと言った人物でした。

**日本国憲法の「武力なき平和」の構想の研究は、それを超えたところにあります。九条の下での対抗的安全保障構想として、どういうことが出来るかと考えるわけです。私がコーディネーターとして一九九二年に刊行した『きみはサンダーバードを知っているか』（日本評論社）で示した「ニッポン国際救助隊構想」もその一つです。**（92〜93ページ）

自衛隊を国際救助隊に使えということですね。自衛隊でなくても消防のレスキュー隊で何がいけないのでしょうか。それで、韓国を始めとした周辺国に対して自衛隊の任務がサンダーバードのように災害救助だからご安心を、というようなへタレたことを言うわけです。

## 3　OSCE＝全欧州安全保障協力機構から学ぶこと（94ページ）

ありません。むしろそれを学ぶのであれば集団的自衛権を認めないと駄目です。現在、安倍内閣が行っている集団的自衛権を行使することの目的はアジア版ＮＡＴＯを作ることなのですから、ＯＳＣＥの話を出すなら集団的自衛権行使が前提条件です。

**Ⅴ　憲法に反する集団的自衛権行使の容認　1　破綻した集団的自衛権行使の容認の理屈**

**集団的自衛権について政府の解釈変更に際し、高村正彦自民党副総裁はこの砂川事件判決と一九七二年の自衛権についての政府の憲法解釈を利用しようと発言しました。それは、いみじくも、その解釈には無理があるということを気づかせることになりました。**（102ページ）

その通りです。元の砂川判決がデタラメなのですから、無理があるのは当たり前です。ここは賛成します。

**2　国際社会とのトラブルは増大する**

**現在、日本は周辺諸国と「全周トラブル状態」ですが、決してトラブルだけではありません。例えばワールドカップで、「日本のサポーターがごみを拾っているのは感動したよ」という話が香港経由で中国のネットユーザーが見て「たいしたもんだ」と**

思われています。韓国でも「日本はマナーがいい」と言われています。東日本大震災の時も、「なぜみんな並んで待つのか。盗まないの？　驚異だよ」と世界中が思うほど日本人はマナーがいいという評価が当時でました。

「全周トラブル状態」で一番のポイントは、日本はいままで憲法九条を持って、海外で武力行使をしない国と定説になっていて、自衛隊は存在するが、各国は日本をそういう国だとして付き合ってきたということです。自衛隊が日常的にしているのは震災における災害救助のような活動が中心だったことは世界中に知られています。日本にはそういう評価がありますから、たとえば、特にイランは最も親日的な国となっています。また日本・オマーン協会名誉会長は安倍首相ですし、中東地域の国々はトルコも含め親日的です。

ところが、集団的自衛権を巡っての国会答弁で安倍首相は、地図を見せながら、石油の輸送路である中東・ホルムズ海峡での機雷の処理に自衛隊も参加すべきだと発言し、強調しました。ホルムズ海峡に機雷を敷設するのはイランですから、機雷撤去はイランに攻め込むことを意味します。イランからすればありえない話です。日本の防衛省もありえないと言っています。安倍首相がことさらいうことは、イランに攻め込むということと同義なのです。そうすると、イランはすごい違和感を持ちます。これが事実で、安倍首相は結果的に日本の集団的自衛権の行使を正当化する事例がなくなってしまう苦しい立場になっているのです。集団的自衛権行使のために示されている一五事例はほとんどその根拠となり得ない状況になっています。（102〜103ページ）

日本人はみんな外国から好かれているのに安倍と自民党のせいで嫌われているということが長々と書かれています。

日本は周辺国とのトラブル関係にありますが、この状況はまったく逆転する可能性もあります。「全周トラブル」と「全周友好」は実は紙一重なので、いま、アジアの国々との間でトラブルが起こると、相手国に対してことさら悪意を見せる人々が増えていることが気になります。例えば「韓国ではこんなことをやっている」と、セウォル号の転覆事故をずっと報道してみたり、中国政府がウイグル自治区で行った行為をずっと流したりします。

しかし、そのように自由を抑制している習近平政権をソフトトランディングさせるには国境を超えた市民の連携が必要だという、そういう報道こそ必要なのです。（103〜104ページ）

それを言うなら、是非やってくれという話です。

### 3　改憲勢力、自衛隊にも矛盾は増大した

**振り返ると、一九九九年に成立した周辺事態法の頃の議論で初めて「周辺」という言葉が出てきました。国会で野党が、橋本内閣に「周辺はどこか。イラクは周辺か」と聞いたら、「イラクは周辺ではない」と答えました。その理由は「遠い」ということでした。**（105ページ）

前述したようにインド洋で海上自衛隊が給油活動をしていますが、日本の法律上のインド洋とはマダガスカルまで含めると言ってます。いちいち法律を作るからこのような話になります。現在、安倍内閣が作ろうとしている安保法制は十一本ありますが、題名をみただけで失神しそうになりました。

「〇〇事態」とたくさん作っているのですが、その中の一つに「武力事態法改正案」というのがあるのですが、この武力攻撃事態とは何なんでしょうか。同じく「重要影響事態法」というものが元々あるのですが、「重要影響事態」とは何なんでしょうか。「米軍等行動円滑化法案」等とは何を指しているのでしょうか。法律の名前だけでこのような状態でいちいち中身を覚えられるわけがありません。

本来、軍法というのは文盲でも分かるように作ってないとならないのに、これだけ複雑な法律を大量に作るのはお話にならないです。憲法や法律の解釈を内閣法制局に頼るため、わざと

法律を難しくしているわけです。ポジティブリスト制度では何か新しいことを自衛隊がやろうとするたびに新しい法律を作っていかないといけないようにすると自衛隊が動けない、そしてその法解釈は法制局が勝手にできるわけです。

**成立した周辺事態法第一条には「この法律は、そのまま放置すれば我が国に対する直接の武力攻撃に至るおそれのある事態等我が国周辺の地域における我が国の平和及び安全に重要な影響を与える事態（以下「周辺事態」という。）に対応して我が国が実施する措置、その実施の手続その他の必要な事項を定め、日本国とアメリカ合衆国との間の相互協力及び安全保障条約（以下「日米安保条約」という。）の効果的な運用に寄与し、我が国の平和及び安全の確保に資することを目的とする。」と書かれています。この中の「そのまま放置すれば……」以下の文言に、集団的自衛権行使を推進した高村自民党副総裁は飛びつき、それを集団的自衛権行使の新要件として言い出しました。「そのまま放置すれば……」のアイデアは、実は周辺事態法一条にあったのです。そして、高村氏は「そのまま放置すれば……」ということなので、それなら地球の裏側での事態もそのような対象になると解釈しました。**（105ページ）

確かに高村副総裁の一連の動きは愚かとしかいえません。

**集団的自衛権の本質は「自衛」ではなく「他衛」**（106ページ）

砂川判決の時の田中耕太郎意見には自衛と他衛の区別はできないと書いてあります。無理やり変えようというのがおかしいです。

**まとめにかえて**

**日本が武力行使するとなったら、日本の自衛隊の自衛隊員が命を失うことになります。**（107ページ）

護憲派左翼の多くが言い出したのですが、急に自衛官の命が大事になりましたね。

**いろいろな見解をつまみ食い的に使う高村氏の主張を入れながら安倍首相が一三条を根拠に集団的自衛権行使容認を正当化するのは二重、三重の間違いです。**（107ページ）

このことについては筆者も批判をしたいところです。

## 戦争は立憲主義の敵? 佐藤幸治

宮沢俊義を頂点とする東大学派が、通説・多数説の地位にあるなら、少数有力説の雄が京大学派です。

戦前は東大の美濃部達吉と憲法学の双璧であった佐々木惣一、戦後は大石義雄が「保守反動の大石」と言われながらも正統な憲法学を守り、宮沢俊義を批判し続けました。

その大石教授の後継者が佐藤幸治京大名誉教授（以下一部敬称略）です。とはいうものの、かなり佐々木博士の説を否定し、京大学派の正統後継者とは言い難いのですが。

京大学派の伝統は、法実証主義と呼ばれる純理的な学説構築にあります。

その詳しいメカニズムをすっ飛ばしてわかりやすく言えば、政府と結びつきが深い東大は自分（たち）の学説を政府の有権解釈にできます。具体的に言えば、政府の解釈を握る内閣法制局が東大教授の意見を採用するということです。時に、最高裁の判決も東大教授の意見通りになります。京大教授にはこれができません。

だから、憲法の条文や条理に従い、厳密な解釈を構築することで存在意義を主張していました。佐々木博士のころからそうです。

こうした伝統の中で、佐藤名誉教授は異質です。やたらと政府の委員を務めているのです。

ちなみにですが、若いころの（今とキャラが全然違う）副島隆彦氏が『法律学の正体』という名著を書いているのですが、「自分の専門の事も他人に説明できない憲法学者」の代表として、東大京大の両巨頭である芦部信喜＆佐藤幸治の二人をやり玉に挙げています。

実際に佐藤（ここはあえて呼び捨てにする）の仕事ぶりを見ても、司法制度改革を推進して、ロースクールと裁判員制度を導入しました。前者は「百害あって一利なし」「裁判官や弁護士の劣化を招いた」「ネットカフェ難民の弁護士を生み出してどうする」と散々な評価ですし、後者も「やらないよりはマシ」は最大の弁護論で、せいぜい「人畜無害」、「膨大なコストのロス」「何の為に導入した？」とこれまた評判の悪い制度の〝主犯〟が佐藤です。

この他にもいろいろやっていて、めったに来ない八木秀次教授が憲法学会で「佐藤教授の数々の大罪」について発表していたこともありました（なんでこれが学術発表の場でなされたのかは当時から理解できませんでしたが）。

私としては、現在の改悪日銀法を主導した人物と言うだけで、指弾に値します。佐藤が推進した改悪日銀法により、日銀は政府から、つまり国民から独立した存在となりました。施行は平成十年（一九九八年）です。その結果、速水優・福井俊彦・白川方明の三代の日銀総裁はデフレ推進政策を取り、その結果、自殺者と失業者が大量発生しました。どれほど多くの人々の人生が失われたか。しかし、歴代内閣は日銀法の壁に阻まれ、これを止めることができませんでした。これをはじめて突破したのが第二次安倍内閣です。この一事を以て、佐藤の社会活動は評価に値しないと断じます。どこかで機会を見つけて徹底的な筆誅を加えねば、と思っていますが今日はやめておきます。

余談ですが、自民党の船田元議員は最初、佐藤名誉教授に参考人を依頼して断られたので長谷部教授を呼んだといわれています。

それはさておき、佐藤名誉教授の学者としての見解はどうなのか。司法試験や公務員試験では、同世代の『芦部の憲法』をはじめ東大教授が〝アレ〟なので、『佐藤の憲法』は評価されたのですが、それも評価問題であって。

手元にある『憲法』（青林書院　一九八一年）を読むと、「私が習った京大憲法学はどこへ行ったのか?!」と絶叫したくなるような代物です。

私は去年度まで憲法の教員をしていましたが、日本国憲法より前に帝国憲法を勉強した唯一の憲法教員だと思います。当然、佐々木先生の『日本憲法要論』などは熟読感動したのですが、『佐藤の憲法』はなんだか日本国憲法の条文解釈だけで、憲法典論であって憲法論になっていないとしか言いようがないです。

九条の頁を開いてみると、基本的に学説紹介をしているだけです。九条の「戦力」の政府解釈がコロコロ変わっているところを紹介してくれているところは、思わず笑みが漏れましたが。しかし、やたらと微に入り細に入りなのですが、ぜんぜん人名が出てこない。だから誰の説なのかはまったくわかりません。

まず佐藤名誉教授の世界観が、憲法は「国際連合への信頼を基盤に誕生した」で始まります。それが、冷戦、冷戦崩壊後の環境変化で「我が国の具体的貢献が問われることとなった」という国連信仰につながり、現代への課題が語られています。まるで東大学派に思想洗脳された中学社会の教科書を読まされているかのような錯覚に陥ります。

さらに、佐藤名誉教授によれば、前文に書かれている「平和を愛する諸国民とは国連のこと」だそうです。私は、Peace loving nationsだから、戦時に国際法を守る国の事だと思っていましたが。ちなみに「正文の日本語で考えるべきだ」と思う読者もいるかと思いますが、同書で「占領軍の原文では」云々とアメリカ人の立法趣旨にやたらとこだわっているのが佐藤名誉教授です。

佐藤名誉教授の歴史認識を〝ご本人の趣味〟と片づけるわけにはいかないのが、「それ認識じゃなくて、事実としておかしくない？」と、あえてスラングでツッコミたくなるような記述にも出くわすのです。

曰く、「戦争は立憲主義の敵」だそうで。

では、世界の模範となっているイギリス憲法が戦争に勝つために発展してきた歴史はどうなるのか。同じく世界の模範となっているベルギー憲法だって、「戦争に負けない国」にするために憲法があります。ベルギー憲法の特徴は、第一章で領土を規定していることです。そもそもがイギリスが自分御都合で打ち立てた傀儡国家で、ドイツとフランス人に挟まれて二つの世界大戦では国土が蹂躙される憂き目を見たベルギーですから、当然でしょう。「憲法は戦争に負けないためにある」など世界の常識であり、むしろこうした考えで憲法が作られる以上、戦争そのものが「立憲主義の敵」にはなるはずがありません。「戦争で負けるのがイヤ」と「戦争そのものがイヤ」の区別がつかないのが憲法学者という人たちなのです。

京大学派では、大石先生はそんなことはありませんでした。佐々木先生や大石先生の時代を知る先生たちから、「憲法九条は侵略戦争を否定しているように読めるが、自衛戦争は否定していない。だから侵略者から自衛するための戦力は当然持つし、必要なら核武装もするし、そのために戦う権利は当然認められる」と教わったものです。佐藤名誉教授とは隔世の感があります。

で、佐藤名誉教授がおかしいのは、「戦争は立憲主義の敵」として挙げているのが、アメリカ憲法とフランス革命憲法という点です。最大限好意的に解釈しても「革命のような戦争以外の暴力はいいのか?」との疑念は消えません。アメリカ独立革命やフランス革命でどれほど野蛮な暴力が振るわれたか知らないのでしょうか。また、アメリカ独立革命自体が英仏戦争の一戦線なわけで、それによって生まれた憲法は「戦争憲法」に他なりません。毛沢東の言う、「政権は銃口から生まれる」の典型です。フランス憲法に至っては、条文でこそ佐藤名誉教授の言うように侵略戦争を禁止していますが、その後の侵略戦争の数々は何なのか。当時のアメリカ人もあきれた「戦争憲法」です。

さらに、二つの世界大戦で生まれた国際連盟と国際連合を称揚し、以上の系譜の上に日本国憲法が位置付けられると断定しています。どうやら佐藤名誉教授、人民の意志が戦争を無くすと信じているようで。二つの世界大戦で、多くの国が大衆化に苦しんだのを知らないのか。特に第一次世界大戦では、「○○民族を殺せ」という殺伐としたスローガンが大衆を扇動し、戦争を凶暴化させ、醸成された好戦的な雰囲気がどれほどの人命を奪い、やめられなかったか。民主主義は戦争の敵どころか、政治学では常識の「戦争が民主主義を推進し、民主主義が戦争を残酷にする」という、古代ギリシャ以来の歴史も知らないようで。

前文と九条の解釈は通説通り、判例解説は教科書的なので特に紹介するところはないのですが、今までの話で東大学派とたいして世界観が違わない方だとはよくわかったと思います。

恥ずかしいのは、「戦争と武力の行使の区別が困難」とか書いてくれていることです。「戦争は宣戦布告を伴う法的状態」という定義を私が教えてあげる話でもないと思うのですが。武力行使があろうがなかろうが、宣戦布告された国家間の法的状態を「戦争」と呼ぶ。こんなの国際法では常識なのですが。

佐藤教授の学説紹介で気になるのが、軍隊保持を禁止する代わりに、自衛権行使の為には警察力や郡民蜂起という方法があるという説に、肩入れしている風に読み取れることです。「立憲主義のための抵抗権」という説明もしていますし。

戦争は嫌いなくせに、抵抗権（≒革命権）という戦争以外の暴力は肯定する。これでは東大の護憲派教授と同じなのではないかとすら思えてきます。

九条が法として曖昧で問題があるとしながらも、結論は、国際状況は理想と違うが「理想的な国際環境の形成に究極の目標をおいて不断に努力することが憲法上の義務である」とされています。

私たちは、永遠に九条の理想に付き合わなければならないのでしょうか。

## 大石眞の論にみる京大学派と東大学派との違い

大石眞京大教授（以下敬称略）の『憲法講義Ⅰ』（有斐閣　二〇一四年）に沿って論評をしたいと思います。大石は前章の佐藤幸治と同じく京都大学の教授です。大石も佐藤同様、京大にも関わらず東大学派のようなことを主張しており、『憲法講義Ⅰ』でも「明治立憲主義制を葬り去ってしまった「軍国主義」との関係を重視した」などと明記しています。

**3　憲法運用上の諸問題　(1)　占領管理体制下の動き**

ただ、この時期は、憲法典の規定にもかかわらず、連合国軍最高司令官の権力や指令などによって憲法秩序が形づくられたのであって、日本側が自主的な憲法運用をおこなう余地はほとんどなかった。憲法第九八条一項にいう最高法規性と前文にいう国民主権の原理は、その意味で、いずれもいわば凍結された状態にあったのである。したがって、その下で行われた最高裁判所の憲法判断なども、そうした制約付きのものであったと見なくてはならず、この時期に示された憲法解釈及びその時期に生じた事件について下された憲法判断が、本来の憲法判例としての意義を持ちうるかどうかは、相当に問題であろう。（62～63ページ）

その通りなのですが、それなら日本国憲法は憲法ではないということを自白していることになります。大石の主張は内容があまりにもありませんが、一応京大学派への言及が多くなっています。

**2 戦争と武力行使 （1） 社会学的解釈と伝統的文理解釈**

**憲法第九条の理解については、まず、その条規全体の法的な意義・効力をめぐって、（A） 法的効力を否認する社会学的な解釈と、（B） その法的効力を当然視する伝統的な文理解釈とに大別され、そこに大きな違いがあることを知っておく必要がある。**

**さらに、前者（A）の社会学的解釈の考え方にも、（a） 直ちには実現することのできない理想をうたい、平和への意志を対外的に表したものとする政治的マニフェスト論（高柳賢三・阿部照哉・浅野一郎など）、（b） 裁判所が独自に判断しうるものでなく、最終的には国民自身の政治的選択に委ねられるとする政治的規範説（伊藤正己）の二つがあって、その内容も決して一様ではない。**（66ページ）

政治的マニフェスト論も政治的規範説にせよ、どちらも裁判では使わないという意味です。裁判所で罰則あるものでも強制されるものでもないということです。日本国憲法はこうとでも言わざるをえないような代物なのです。さて、そんな中で政治的マニフェスト論と政治的規範説で争って何の意味があるのでしょうか。

## （2）伝統的文理解釈の内容

（a）完全非武装説・全面否認説

（i）一項にいう「国際紛争を解決する手段」は、侵略戦争だけでなく自衛のための戦争をも含むと解し、あらゆる「戦争」を放棄するとともに、二項において一切の戦力を保持しないことを定めたものと解するもの（宮澤俊義・清宮四郎・芦部信喜など）

（ii）一項にいう「国際紛争を解決する手段」は、自衛のための戦争を含まないが、二項において何の留保もなく「戦力」を保持しないと定めている結果として、あらゆる戦争を放棄し、一切の戦力を否認したと解するもの（佐藤功など多数）

（b）自衛力留保説・限定否認説

（i）一項にいう「国際紛争を解決する手段」は、自衛のための戦争を含まないので、二項で否認されるべき「戦力」についても自衛のためのものは除外される。したがって、自衛「戦力」は保持することができると解するもの（佐々木惣一・橋本公亘など）

（ii）一項にいう「国際紛争を解決する手段」は、「戦争」の放棄についてではなく、「武力による威嚇又は武力の行使」に係るものと解し、およそ「戦争」は放棄されるが、自衛のための「武力による威嚇又は武力の行使」は認められ、二項においても自衛のための「武力」は保持することができると解するもの（覚道豊治・佐藤幸治など）（67〜68ページ）

宮沢俊義、清宮四郎、芦部信喜といった東大学派の教授が自衛権を否定し、佐藤功は内閣法制局にいた人物ですが結論はそれらと同じです。佐々木惣一は戦前からいる京大学派の大御所、橋本公亘は中央大学教授でした。佐々木論は京大の正統学派です。一項と二項の関係で佐々木は一項は侵略しか否定していないので自衛のためなら軍隊を持つという論理です。

### （3）政府見解の動きと現行法制

①戦力禁止と自衛力　他方、現在の政府見解は、基本的に、先に記した（b）の限定否認説に立っているが、前に記したように警察予備隊・保安隊・自衛隊の発足といった再軍備の過程において、「戦力」解釈を微妙に変化させている。すなわち、当初は、（i）禁止される「戦力」とは、近代戦争の遂行に役立つ程度の装備・編成を備えたものをいい、警備隊や保安隊はそれに当たらないと説かれていた。しかし、自衛隊の発足後から、（ii）自衛のための必要最小限度の実力（自衛力）を超えるものが「戦力」と

して禁止されるのであり、自衛隊はそれに当たらないと説明されるようになって、今日にいたっている。

その際、政府は、自衛権の行使のあり方について、（ⅰ）わが国に対する急迫不正の侵害があること、（ⅱ）これを排除するために他に適当な手段がないこと、（ⅲ）必要最小限度の実力行使にとどまること、という三つの要件を示している（昭和四七年五月一二日参議院内閣委員会における内閣法制局の説明）。もっとも、それぞれの具体的な要件の認定は、結局のところ、内閣の裁量に委ねられざるを得ないであろう。
②現行法制との関連　（前略）なお、武力攻撃事態対処法（平成一五年法律七九号）は、周辺事態安全確保法（平成一五年法律六〇号）や武力攻撃事態国民保護法などとあいまって、いわば安全保障基本法又は緊急事態基本法としての性格をもち、武力攻撃事態が生じた場合にわが国の独立と国民の安全を確保するためにとるべき手続と措置を定めるとともに（武力攻撃事態九条以下）、武力攻撃の排除に当たって講じた措置について国連安保理事会への報告義務を定めている（同一八条）。この規定は、言うまでもなく、国連憲章第七章第五一条にいう「自衛権の行使に当つて加盟国がとつた措置は、直ちに安全保障理事会に報告しなければならない」（二文）との義務に対応する措置を定めたものである。（68〜69ページ）

基本的に政府見解を紹介しているだけで、特に取り上げるものはないのですが、東大学派よりは正気を保っているのが、なんとももどかしいです。

**4 集団的自衛権の問題（1）個別的自衛権との関係**

**ここに集団的自衛権とは、自国が直接攻撃されていないにもかかわらず、自国と密接な関係にある外国に対して武力攻撃があったときは、これに対して実力を持って阻止する権利をいう。これに対して、個別的自衛権の共同行使とみる考え方や他国を防衛する権利といった見方もあるが、ここには、自国の安全と独立という法益の侵害にも当たるという考え方が前提にある。**（72ページ）

「自国と密接な関係にある外国」をいったいどうやって証明するのでしょうか。例えばインドの場合はその定義が難しくなります。アメリカについたり中国についたりロシア（ソ連）についたり忙しいのですが、これはいついかなる時にもパキスタンが接近する国の敵対国に付いているだけなんですけど。

**（2）日本国憲法上の位置づけ**

**日本政府は、日本国が国際連合に加盟した時点で、集団的自衛権について明確な観**

**念をもっていたとは言えないようである。**（72～73ページ）

日本が集団的自衛権の観念を持っていなかったと記載していますが、大石は集団的自衛権と国連の集団安全保障の区別をつけているのでしょうか。この書き方なら、恐らくは分かっているとは思いますが。

**しかしながら、そのように集団的自衛権の行使が認められないとする根拠は、必ずしも明らかではない。**（73ページ）

その通りです。大石ははっきりと言っています。このへんはまともな事を書いています。大石は普通の人から見れば左に見えるでしょうが、決して右でも左でもない人物です。

## 小林節の態度を追求する

小林節慶応義塾大学法学部名誉教授は、かつてはタカ派改憲論の旗手、今や民主党が守護神とも頼む護憲派と化しています。

別に、一生意見を変えるなとは言いませんが、それにはそれなりの説明や筋の通し方があるでしょう。

二〇一四年度の憲法審査会で、和田政宗参議院議員（当時、みんなの党）が、参考人として呼ばれていた小林名誉教授に以下のように問い質しています。やり取りは国会議事録に残っています。

出典：http://kokkai.ndl.go.jp/SENTAKU/sangiin/186/0154/18605260154004a.html

**○和田政宗君**

**小林先生、二〇一三年の七月のダイヤモンド・オンラインの記事によれば、こう述べられていらっしゃいます。**

**政府は憲法の立法趣旨に照らして、集団的自衛権を自らの解釈で自制していますが、**

このままだと日本は、他国に攻められたときに自分たちだけで自衛しなくてはいけません。しかし、襲われたら同盟国が報復に行くというメッセージを打ち出せる集団的自衛権は、他国の侵略を牽制する意味においてもメリットがあります。だから、改めて、日本は集団的自衛権を持っていると解釈を変更するべきでしょう。

今の日本は海外派兵を自制しているため、自国が侵略されそうなときは同盟国である米国に助けてもらえる一方、米国が侵略されそうなときは助けに行けない。日米安保条約は片務条約になっています。これまで日本は、九条のおかげで日米安保にただ乗りし、米国の傘下で安心して経済発展に邁進することができた。

でも、これだけの大国になった今、それでは済まないでしょう。今後、集団的自衛権を認めれば、日米安保が強化され、日本の領土をより安全に守ることができるようになるはずです。

これ、記事、今もネットに上がっておりますし、これ、事実であろうかなとは思うんですが、最近では小林先生は安倍総理が目指している憲法の解釈改憲は大変危険だというふうに述べておられます。

集団的自衛権の憲法解釈の変更について、先生はどこまでであれば容認できる、どのような議論が進めば容認できると考えていらっしゃるんでしょうか。

要するに、「アンタ、昔と言ってたことと全然違うじゃん」と聞いているわけです。「安倍首相の解釈改憲は許さない」と主張している学者が、かつて「解釈改憲をすべきだ！」と主張していた訳です。当然、なぜ意見を変えたのかを答えなければなりません。

これに対する小林名誉教授の答えは以下です。

**○参考人（小林節君）**

**今のネットの記事、私が言ったとは、ちょっとインタビュー受けたんですけど、到底信じられない。確認の上、削除します。**

**もちろん、私も人間ですから、議論の中で、過去三十五年、変わってきましたので、縦で見れば私の発言の矛盾はあり得ると思います、宗教じゃないですからね。日々議論の中で私は変わってきていると思います。**

左様でございますか、としか言いようがありません。普通、雑誌の記事は、発表前に事前にチェックします。インタビューを受けた人間の話と真逆の事を書けば、訴訟ものです。そもそも、しゃべり手の話を真逆に伝えるなど、記者として失格です。「私が言ったとは、ちょっとインタビュー受けたんですけど、到底信じられない」というのは、おおごとです。そこまで重い言葉を小林名誉教授は国会の場で堂々と述べています。

ところが、「確認の上、削除します」「さっきの御指摘いただき、ありがとうございました。そんなもの、ちょっとほっておけませんので、ちゃんと手続を取らせていただきます。ありがとうございます」と言いながら、今年になって確認できました。

参考：ダイヤモンド・オンライン記事　http://diamond.jp/category/s-kenpou

さて、この質疑の本題は集団的自衛権ですが、なかなか面白いやり取りになっています。

**○和田政宗君**

**集団的自衛権についても誤解に基づいた議論がなされていますので、これは小林参考人にお聞きしていきたいというふうに思うんですけれども、集団的自衛権は、国連憲章五十一条に見られますように、国家が当然に保有し、行使できるものであります。また、米軍に対しての基地提供により、既に、過去、日本国において集団的自衛権は行使されているのではないかと考えるのが妥当であると私は思います。**

**自衛権や集団的自衛権については、憲法解釈の変更もこれまでなされてきており、私は、憲法改正や自主憲法制定という王道に打って出るべきだと考えますが、現在の日本国が置かれた状況を鑑みれば、憲法解釈の変更を限定的であれば行って何ら問題**

はないと考えます。

要するに、基地提供は集団的な自衛権の行使であり、既に日本国は行使しているではないか、それが国際法に則った常識ではないか、ということです。

これに対して小林名誉教授のお答えは、以下です。

**○参考人（小林節君）**

それで、さっきの国連憲章の話ですけれども、こんなの国際法の常識で、国連憲章上権利が認められているけれども、それによって権利義務の履行を各国の機関が、エージェントがする以上、国内法に、つまり日本国自衛隊が出ていく以上、日本の法律と予算の裏付けがなかったら行けないんですね。その上に憲法があるんです。ですから、いろんな国際条約見ていただければ分かりますように、締約国はこの条約の権利義務を自国の法制の制約の下で実施すると書かれているものいっぱいあります。ですから、国連憲章上持っている権利だけど国内法上行使できないなんて異常でしょうという議論は異常だと私は思います。

それから、米軍基地を提供していることは、私はすばらしい双務性だと思っています。だって、基地を提供するということは主権の明渡しに等しいんです。抵抗されたら返してくれないもの、米軍基地が日本に向かってきますもの。だから、十分アメリカにとっては、あれはアメリカのためにある基地ですから、双務性があって、何も一緒に飛んでいけなくてもいい。

それで、集団的自衛権という概念ですけれども、米軍基地を提供しているから集団的自衛権行使しているというのは、これは無理な話で、集団的自衛権というのはさっきも申しましたように国際慣習法上の権利ですから、同盟国が戦渦に巻き込まれたときに無条件でその現地へ飛んでいって一緒に巻き込まれるという権利ですからね。海外派兵ですから、基地提供ではそれは代替できるものではない。ただ、バランスは取れているでしょうという話で。

第一段落、かなり感情的になっていて、あんまり批評に値しないのですが、要するに「権利としてできることになっていても、実際にその能力が無ければ行使できないでしょう」と言っているだけです。それは、当たり前です。ただし最後の部分、「国連憲章上持っている権利だけど国内法上行使できないなんて異常でしょうという議論は異常だと私は思います」です。異常なのは小林名誉教授です。

小林名誉教授も法律家ならば、ルドルフ・フォン・イェーリングが残した「権利の上に眠る者は保護せず」という法諺くらいは知っているでしょう。権利には行使する義務があり、行使する義務を怠った者は保護されない、という「文明国の通義」となっている原則です。

国家が自らの自衛権を行使しないというのは異常です。自国民を守らないということですから。絶頂期の大英帝国のように「同盟などという煩わしい難物は不要」「地球上いかなる土地にいようとも、大英帝国の臣民は我が艦隊が守る」などと「光栄ある孤立」を誇っていた国ならば、集団的自衛権など不要かもしれません（それでも恒常的な同盟が無いだけで外国と共同行動をとることも多かったですし、光栄ある孤立が無理になったら日英同盟、さらに露仏との三国協商を結びました）。しかし、アメリカすら一国では国防政策が成立しないと言われる現代、いつから日本は絶頂期の大英帝国のような力を身に着けたのでしょう。一国だけで自分の身を守れないなら、他の国と共同で仲間を守り合うのは当然ではないでしょうか。せっかく国際法が認めてくれているのに、それを行使しないという国内法は異常ではないのでしょうか。

第二段落、和田議員の質問に答えず、自説を展開しています。何を言っているか理解不能なので、無視します。「主権の明け渡し」が、なぜ「すばらしい」のか。

第三段落でようやく答えが聞けますが、正しいのは「集団的自衛権というのは……国際慣習法上の権利です」の部分だけです。なぜ基地提供が集団的自衛権の行使ではないのか、理由が不明です。確かに、第三代内閣法制局長官の高辻正巳以降の政府は、そういう解釈をしています。しかし、それだって何の根拠も示さず、勝手に言っているだけです。

アイスランドなど軍備を持たずに基地提供で軍事貢献をしていることとし、ＮＡＴＯに加盟している国などは、どう説明するのでしょうか。ということに答えてくれたためしがないのですが。

ちなみに、岸内閣の政府見解は、「外国に行って一緒に戦うという典型的な集団的自衛権は禁止されている」「基地提供なども禁止されているとは思わない」です。

小林名誉教授、変節、おっと意見を変える前から、タカ派・改憲派と言われていますが、私からするとアメリカコンプレックス丸出しにしか見えません。

たとえば『白熱講義！日本国憲法改正』（イースト新書　二〇一三年）に、「一番守られるべきは一三条である」などという章があります。日本国憲法一三条と言えば、アメリカ独立宣言のパクリで有名な条文です。「生命、自由、幸福追求権」が規定されています。

**日本国憲法第**一三**条**
**すべて国民は、個人として尊重される。生命、自由及び幸福追求に対する国民の権利については、公共の福祉に反しない限り、立法その他の国政の上で、最大の尊重を必要とする。**

小林名誉教授は、一三条には「人権」や「立憲主義」の「すべてが詰まっている」とまで絶賛し、その著作の随所でアメリカ独立革命の精神を礼賛して回っているのですが、それ彼の趣味として片づけるとして……。

拉致問題を取り出し、「国防問題をなんでもかんでも九条のせいにしてはいけない。ただ、日本の政治家に、国民の生命と財産を守る強い意志がないだけである」と言い切っていますが、その根拠条文が一三条なのです。一三条に何が書いてあろうが、「日本の政治家に、国民の生命と財産を守る強い意志がない」なら、同じだと思いますが。

安倍内閣の集団的自衛権の議論でも一三条が持ち出されています。つまり、国民の生命自由幸福追求権が危ないときは、集団的自衛権を行使できると。これ、現実論としては、「国益じゃないんだ？　というか、国益はどこへ行ったんだ？」と突っ込みたくなりますが。

精神としては、なぜアメリカ独立宣言のまんまパクリ条文をありがたがらなければならないのか、わからないのですが。少なくとも、小林名誉教授のようなアメリカ礼賛の立場を採らない私には、まったく説得力がない話です。

別に、変節、おっと何の説明もせずに意見を変えて自分の過去の言動を放置しているのではなく、もともと何かの権威にすがりたい人なだけなのかな、と思います。

# 九五％は納得できるが残りの五％が激しく賛同できない伊藤真

## 1　立憲主義、平和主義は日本の伝統

日本国憲法の優れた点の一つに、近代立憲主義の正当な流れを引き継いでいることが挙げられます。立憲主義は、人間が間違いを犯す生き物であるという真理に対する謙虚さの現れ、いわば〈人類の英知〉の結晶だと言えます。

この〈人類の英知〉は、決して西洋の借り物ではなく、日本の伝統に根ざすものと私は考えます。〝constitution〟に対応する日本語は「憲法」です。これは聖徳太子の「一七条の憲法」からとったものです。そこから保守派の人たちは、改憲案の論拠としてしばしば一七条の憲法を持ち出し、それに対して護憲派は「復古的な主張だ」などと批判します。しかし一七条の憲法は、仏教の根本である平和の考えを取り入れ、力ではなく話し合いで物事を解決することを徹底していると思うのです。あの時代に人間の知性・理性、議論することで物事を解決することを示している先進性には驚かされます。かつ、役人に賄賂をもらうなと命じて権力を制限しています。イギリスで生まれる遥か以前に、日本は為政者が守るべきルールを作っていたのです。そういう立憲主義の伝統というものがこの国にはあるのです。その意味でこの〈人類の英知〉は、古

**来の伝統として日本人に根付いています。**（23ページ）

この文章の日本国憲法を大日本帝国憲法に置き換えると、倉山満が書いたと言っても通じてしまうのではないでしょうか。書いたのは伊藤真弁護士（以下敬称略）で、『憲法は誰のもの？自民党改憲案の検証』（岩波ブックレット　二〇一三年）からの引用ですが、この点については全面的に賛成です。保守派の言ってることよりよほどまともで、ここだけ取り出すと、産経新聞をつまみ食いしている人の五億倍まともなことが書いてあります。ところが、次の段落です。

**もう一つ優れた点は、前文と九条に示される恒久平和主義、積極的非暴力平和主義です。戦争は、国家権力行使の最たるものですから、立憲主義憲法が歯止めをかけるべき最大の関心事です。しかしそれ以上に日本にとっての特別な関心事でもあります。同時に日本は、先の戦争で二〇〇〇万人にのぼる近隣諸国の方々に危害を加えました。同時に三一〇万人もの日本人も犠牲になりました。その反省に立ち、戦争を放棄するだけではなく、戦力も保持しない、交戦権も否定するという、他の先進諸国のどこにもない徹底した平和主義を採用しました。いわば積極的非暴力平和主義は〈日本の英知〉の結晶であり、日本の独自性・個性の現れなのです。**（24ページ）

段が変わると、とたんに何一つ賛成出来なくなってしまいます。

というわけで、憲法学者の真打ち・伊藤真を取り上げたいと思います。『伊藤真が問う日本国憲法の真意』（日本評論社　二〇一五年）と前述の『憲法は誰のもの？　自民党改憲案の検証』（岩波ブックレット　二〇一三年）の内容を元に論評していきたいと思います。

**『伊藤真が問う日本国憲法の真意』**

**Ⅰ　「正しい戦争」はあるか**

**私は、いかなる大義名分があったとしても戦争はすべきではないと思います。たしかに、綺麗事かもしれません。しかし、その綺麗事を掲げることができる、理想を主張し続けることができるのもまた人間だと思います。**（63ページ）

もはや憲法や法律の話ですらなく〝祈り〟です。完全に宇宙と交信しています。

**Ⅱ　平和憲法の根本は「人間尊重」**

そのため、いくら民主化や人道などの正しい目的を掲げていても、人の命を手段として使う戦争は、日本国憲法の下では許されないことになります。だからこそ日本国憲法は、侵略戦争のみならず自衛のための戦争さえ許していません。徹底した人間尊重の考えに基づくと、侵略戦争だけを禁止しても、「自衛」の名の下で大きな被害がもたらされるおそれがあるからです。

同時にそこには、軍隊と市民社会は相容れないものだという考え方があると思います。沖縄戦の例を挙げるまでもなく、世界の軍事常識として、軍隊というのは、国を守るのであって国民の命や財産を守るものではありません。ときには光州民主化運動のように市民に向けて発砲することもあります。そもそも、個ではなく組織を重視し、「人を殺す」ことを最大の目的としている軍隊と、組織よりも個を尊重し、人の命を守ることに根本的な価値を置いている市民社会とは、本質的に異質の存在といえ、共存できないものだともいえます。(63〜64ページ)

一見、暴論のように見えますが、軍隊というのは、国を守るのであって国民の命や財産を守るものではないという内容は正しいのです。

保守派はこの事を理解しなくてはなりません。伊藤真が書くので反発したくなりますが、そもそも軍隊と警察ではその役割が異なります。軍隊は国家体制(國體)を守るためにあり、警察と消防は国民を守るのが役割です。軍隊は国家を守ることで間接的に国民を守っています。国民の保護というのは警察と消防の役割であり、これを軍隊がやるというのは国際法上、制約が出てきます。よく「自衛隊は国民を守れ」という人がいますが、軍隊が直接国民を守ってはいけないのです。それは国民に直接的な犠牲を生じさせることになるからです。

国際法上、国民保護に従事している部隊は非戦闘員の保護という人道目的の活動をしているということで、軍隊であれ、警察・消防であれ、敵軍はこれを攻撃してはいけないことになっています。

逆に戦闘になれば、軍隊と非戦闘員を分けなければなりません。軍隊と行動を共にする非戦闘員は協力者と見なされ、射殺されても文句を言えませんし、そもそも流れ弾に対して責任をとることもできません。

ところが、国民保護活動の部隊が、一方では銃を持って戦うということでは、筋が通らなくなってしまいます。正規軍と便衣兵（非戦闘員を装ってゲリラ活動をする戦闘員）との区別がつかなくなってしまうので、これは国際法違反になります。

その場合、敵軍は軍隊に保護されている住民もろとも攻撃してもいいことになります。国際法を守らない国に対しては、相手も守る必要はないのです。このように軍隊が直接国民を保護することにより、国民に一層犠牲を強いることになりかねません。

こういう正しいことを言っておきながら、伊藤は光州民主化運動での全斗煥を持ち出すので、話がおかしなことになってしまいます。軍隊が国民を守らないというのはそういう意味ではありません。とはいうものの、軍隊が市民社会と両立し得ないわけではありません。むしろ市民社会を守るために、軍隊が直接国民を守ってはならないのです。伊藤真はそこを本当に分かってないのだと思います。彼は分かった上でミスリードをしようという人ではありません、祈っているだけなので。伊藤は憲法以外なら学生に教えるのは上手だと聞きますが、憲法の授業についてはその文章の通り、宇宙と交信しているようで凄いらしいです。

**Ⅲ　徴兵制のある国・韓国**

こうした「軍隊があり徴兵制がある」のが当たり前である韓国で、私が「軍隊のない世界というのはどうですか」と尋ねると、ほとんどの人が「考えられない。侵略に立ち向かうためにも、やはり強い力がないと」といいます。かつて民主化運動に立ち上がった人たちでもそのような反応でした。

（中略）

しかし、その兵士も、徴兵された普通の学生であったりします。それに、一時の憎しみで殺してしまえ、やっつけろというのは簡単ですが、それをやり続けていてはやはり人類は滅亡の方向へ向かってしまいます。だからそこであえて「ぐっとこらえる」ことを期待したのが日本の憲法九条なのだと思います。

**もちろん、それは大変なことです。やられたらやり返す方が楽だし、気持ちも一時的に晴れるかもしれません。しかも、その理念を韓国や中国にも広げていくとなると、それは相当遠い道のりです。**（65〜66ページ）

韓国で軍隊がない世界が考えられないと言われて、そのロジックの帰結が韓国や中国にも憲法九条を広めるということだそうです。是非とも伊藤先生にはやってほしいものです、特に中国あたりに。このへんは理屈の筋だけは通っています。本当にやれよ！　と声を大にして言いたいですすが。

## Ⅳ　ドイツの軍隊の民主化とその思想

**ドイツがフランスやポーランドと戦争するかもしれないなどとは、おそらく誰も思わないでしょう。**（66ページ）

韓国の後になぜドイツが出てくるかが全く分かりませんが、ドイツがフランスやポーランドと戦争するとは思わないというのは本当でしょうか？　ドイツは今でも企んでいると思いますが。少なくとも、対外政策に永遠はあり得ません。

**Ⅴ　戦後ドイツにおける立憲主義と民主主義**

**日本でも、戦前軍部が天皇制を悪用するような形で戦時体制に突入したことから、それに歯止めをかける必要がある、だから天皇主権から国民主権にして、民主主義を徹底しなければならない、ということになりました。ところが、戦後の日本はこれで大丈夫だと安心してしまったところがあると思います。そのため日本では、国民主権および民主主義にも憲法で歯止めをかけるという立憲主義の考えが確立しなかった面があると、私は考えています。**（68ページ）

国民主権や民主主義を憲法で歯止めをかけるというのはその通りです。フランス革命みたいなことをやられては敵いませんから。

**Ⅵ　「軍事力によらずに物事を解決する」**

**ドイツ軍は人道的介入という名の下に、ベオグラードを空爆して民間人を虐殺したのです。**（69ページ）

これはその通りです。シュレーダー首相という頭のおかしい人がやってしまいました。この辺りは伊藤先生に共感したくなってしまいます。いかんいかん。騙されてはいけません。

『憲法は誰のもの？　自民党改憲案の検証』

ところで、私は中高生の頃、愛国少年でした。日本の武士道に入れ込んで毎日弓を引いていました。そして、大和魂など突き詰めて考えていったら、私の場合、九条に行き着きました。（24ページ）

愛国少年を突き詰めると九条に行き着くそうです。伊藤の言うことの九五％くらいは納得できるのですが、残りの五％が激しく賛同できない人です。

**（2）集団的自衛権を認めるか**

草案九条二項は、戦争の放棄を宣言する一項を受け、自衛権の発動を認めます。この点についてQ＆Aは、「主権国家の自然権（当然持っている権利）として「自衛権」を明示的に規定したもの」であり、「「自衛権」には国連憲章が認めている個別的自衛権や集団的自衛権が含まれていることは、いうまでもありません」としています。

集団的自衛権とは、同盟国が攻撃された場合には自国への攻撃がなくても相手国の攻撃に反撃できることです。たとえば、アメリカがアフガニスタンで攻撃されたら、日本は日本国が攻撃されていなくてもアフガニスタンを攻撃できます。

ただ「自衛権」に個別的自衛権が含まれるとしても、「当然」に集団的自衛権を含むといえるのでしょうか。たしかに国連憲章五一条は集団的自衛権を認めています。しかしそれは一九四五年に明文化された新しい概念であり、それ以前には国際法上認められていませんでした。（27ページ）

伊藤は前提条件だけは正しくて、ここでの集団的自衛権の理解もその通りです。一番スッキリした説明になっており、自民党の説明よりもよっぽど的を射ています。ただし、「国際法上認められていなかった」というのは嘘です。元々、自然権で認められていた内容を国連憲章で確認のために明文化しただけなので、それ以前から認められているものです。

そうした状況からアメリカは、自国だけでなく日本の若者にも是非協力して欲しいと思っています。それこそが〝boots on the ground〟、つまり「金だけでなく血も流せ」という意味なのです。そうだとすると、集団的自衛権を認めるということは、日本の若者をアメリカ軍の傭兵に差し出すということです。（28ページ）

その通りです。自民党はここを逃げまわっています。護憲派の方がこういう攻め方をしないです。

**今まで九条があったので、日本は朝鮮戦争、ベトナム戦争、湾岸戦争、アフガン戦争、イラク戦争に参加することも、そこで殺されることも、他国の人を殺すこともありませんでした。**（29ページ）

これは明確な嘘で、日本は米軍に基地を提供する他、資金援助や給油活動などを行い全ての戦争に協力しています。

**草案をよく読み込めば徴兵制を設けることは可能なのです。そのときどきの政権与党の強行採決によって徴兵制が可能となります。**（30ページ）

たしかに徴兵制は可能ですが、軍事合理性からその必要性がありません。

### （3）国防軍は自衛隊の名称変更ではない（30ページ）

これも嘘です。さすがの伊藤先生も「か・た・や・ま・さ・つ・き」という魔法の呪文を知らないと見えます。

**「自衛隊は海外でも軍隊として扱われている」という反論がありますが、これは誤解です。自衛隊は海外でも正規の軍隊としては扱われていません。同じ扱いがなされるのは、ジュネーブ条約で捕虜として扱われる点だけです。違う点をあげれば切りがありません。国防軍は一般市民に適用される法とは別の軍事法規が適用され、軍法会議で裁判が行われますが、自衛隊は単なる国家公務員にすぎず、国家公務員法が適用されます。自衛隊は公務員なので、海外に派遣されたときでも「できること」がリストアップされる（ポジティブリスト）のに対して、通常の軍では「できないこと」を示すネガティブリストに書かれたこと以外はすべてやってよいことになっています。ですから国防軍になれば、自衛隊と違って何でもできてしまうのです。**（31ページ）

これはかなり正しいことと間違っていることが混ざっていて怖いです。正直、伊藤真の思考回路が筆者と似ていて嫌になります。

かなりの部分で正しいので全面的に賛成したいのですが、国防軍という名前になれば自衛隊と違って何でもできるわけではありません。これは伊藤が日本の行政を分かっていないか、分かった上で予防線を張っているかのどちらかです。

### （4）法律任せの民主的統制

国防軍が任務を遂行する際に、草案では「法律の定めるところにより、国会の承認その他の統制に服する」とします（九条の二第二項）。国防軍を民主的に統制する趣旨なのでしょう。

しかし、その方法を法律任せにすることは問題です。多数派だけで統制方法を決めてしまうことができるからです。日本の政治の現状では、歩み寄りができないほど各党で平和に対する考え方が違います。ですからその法案は政権与党の強行採決で定められる可能性も高いでしょう。

さらに国会の承認だけでなく「その他の統制」でもよいので、たとえば法律の定めによって内閣総理大臣が独断で判断することにしたり、事後承認で足りると定めることもできます。このように、草案が定める国防軍への民主的歯止めは極めて弱いものなのです。（32ページ）

これは予防線です。

## （5）国防軍の任務拡大

草案は、国防軍の任務として、一項に掲げるもの、すなわち国防以外に「……法律の定めるところにより、国際社会の平和と安全を確保するために国際的に協調して行われる活動」を掲げます（草案九条の二項第三項）。これは「国際平和協力活動への参加を可能に」するものであり、その際「法律の規定に基づいて、武力を行使することは可能」とも説明されています。具体的には国連軍、多国籍軍、ＰＫＦ、ＰＫＯ等への参加を想定しているのでしょう。

しかしそこには国連決議の要否などの手続き規制が書かれておらず、これもまた法律任せにされています。自衛権の行使ならば自衛権の行使としての手続き的規制が及ぶのですが、国際平和活動は自衛権の行使ではないので、その規制を受けません。平和維持活動の美名の下に広く自由に海外に派兵し、武力行使ができてしまうのです。

さらに国防軍は「公の秩序を維持し、又は国民の生命若しくは自由を守るための活動」をも担うことが明記されています（同三項）。公安・治安活動を認める規定です。たとえば原発反対でもが大きくなり、時の政府が「公益及び公の秩序」を害すると判断すれば、国防軍で鎮圧できることにしているのです。軍隊は決して国民を守る組織ではありません。国家を守る組織であることは肝に銘じておくべきです。（32〜33ページ）

これも予防線です。原発デモを鎮圧できる？　自民党が考える国防軍では不可能です。治安維持は警察の仕事であって、戒厳令でも行わない限りは軍隊は治安活動に従事しません。

**（６）領土・資源を確保する方法**

**領土・資源を確保する手法は、武力ではなく警察力、政治力、外交力、経済力などによるべきです。**

**さらに草案六六条二項は、「内閣総理大臣及び全ての国務大臣は、現役の軍人であってはならない」と定めています。いわゆる文民条項ですが、現行憲法六六条二項が定める「文民でなければならない」という規制よりも条件を緩和しています。現行憲法で「文民」でない者とは、日本陸海空軍の軍人のほか、軍国主義思想に深く染まっていない人をいうのが政府の見解です。ところが草案では、このような歯止めがなく、退役軍人であれば、仮に軍国主義的な思想をもっていたとしても大臣になることができる点で、文民条項の規範力が弱まっているのです。**（33〜34ページ）

なぜ、軍事力は駄目で警察力ならいいのでしょうか。やはりロシアの国境警備隊ならよいのでしょうか。それとも反共抜刀隊をつくるしかないということでしょうか。

文民条項における文民の定義は、旧軍人と軍国主義に深く染まっている人は当てはまらないとされています。旧軍人は平成の世にはほとんどいません。現職自衛官も駄目です。政府見解では極端な軍国主義の持ち主という説明をしていますが、これは誰がどのように判断をするのでしょうか。

### (7) 国家緊急権

**草案は第九章で「緊急事態」とし、国に緊急権を明記します。緊急事態が宣言されると内閣・行政に国家の権限が集中され、法律でしかできない規制を国会の事前承認なしに、内閣の一存で定めることができます(九九条一項)。他方で、国民は内閣の「措置」に従う義務が課せられます(同三項)。**(34ページ)

この国家緊急権とは戦前の枢密院の規定の引用です。ところが、自民党案の問題点は全然緊急事態を想定していないことなのです。

### (8) まとめ

**国防軍の創設は、自衛隊の名称変更ではありません。尖閣諸島を守る、北朝鮮の脅威から日本を守る、そのためには国防軍が必要だと感じている人もいるかもしれません。ですが、それらの国防は現在の自衛隊で十分に可能なことです。**(35ページ)

頑張れば今の自衛隊でもできるのでしょうが、自衛隊の予算を増やさない限り……つまり「き・の・し・た・や・す・し」を飛び越える呪文がないかぎりは無理でしょう。

伊藤真先生は前提条件がとことん正しいのに、なぜ結論がこうもおかしくなってしまうのか、元々こういう人ですが不思議です。

## 松井芳郎の論から「国際法学者」的視点を無理やり探す

『国際法・憲法と集団的自衛権』（清風堂書店　二〇一五年）の内容から論評したいと思います。松井芳郎名古屋大学名誉教授（以下敬称略）といえば、世界で数少ないアフガン戦争に反対したお利口さんとして有名です。

**Q２　国連憲章における自衛権の規定はどのような意味を持つと理解されていますか？**

**第二次大戦後は、国連憲章五一条に自衛権が登場します。自衛権は憲章五一条の英文をもとにした公定訳によりますと「固有の権利」となります。また、フランス語の正文を訳しますと「自然権」になります。**（９ページ）

これは勉強になりました（嫌味）。固有の権利と自然権は同じ意味だということです。

**そこで、自衛権は「固有の権利」か「自然権」かという議論になるわけですが、**（10ページ）

同じ意味だと前述しておきながら、なぜ二者択一になるのでしょうか。

**Q３　自衛権行使の要件の限定の議論は歴史的にどのように進展していますか？**

**日本では「ウェブスター・フォーミュラ」を「急迫不正の侵害」と言い換えることが多いのですが、これは多分、正当防衛に関する刑法三六条の言葉を借りたもので、かなり曖昧で広範な内容です。**（11ページ）

広範かどうかはともかく曖昧なのはその通りです。

**国連憲章二条四項が禁止しているのは「武力による威嚇又は武力の行使」ですが、国際司法裁判所はこの違反の全てが自衛権行使を正当化するわけではないという態度をとっています。**（12ページ）

自衛権行使の厳格化について解説をしていますが、それではアメリカやイスラエルはどうなるのでしょうか。

**Q４　集団的自衛権は国連憲章で初めて規定されたということですが、どういう経過だったのでしょうか？**

たしかに、「集団的自衛権」という言葉は憲章五一条で初めて登場しますが、それと同様の考えはすでに両大戦間にいくつかの形で表明されていました。とくに注目されるのは、不戦条約の締結に際して米英が行った「留保」で、アメリカは「モンロー主義」は自衛権の行使だと主張しました。（中略）これは、あとで見る集団的自衛権の考え方とそっくりですね。（14ページ）

国連憲章五一条で集団的自衛権が初めて規定されたという松井のいうことを保守陣営が使うから困るのです。慣習国際法として存在していたものを確認のために国連憲章で明記されたにすぎません。

安保理の拒否権に妨げられずに武力を使うためにその考え方を発展させて五一条の集団的自衛権を生み出したのはアメリカであって、これはアメリカの初期の冷戦政策、対ソ政策に基づくものだったということを、起草過程の克明な分析に基づいて指摘されたわけです。（15〜16ページ）

真面目に解説をしておくと、自衛の反対が侵略ですが、自ら侵略戦争を行うぞと宣言をするバカな国はいません。「侵略」とは他国からされるレッテル貼りです。では、自分では「予防戦争」

と呼称します。

例えばビスマルクはよく予防戦争という言葉を使っていました。普仏戦争の後に敗戦国のフランスが軍拡を始めたら「予防戦争をするぞ！」と恫喝をしていました。これは当事者のドイツ以外の国から見れば、ドイツがフランスを侵略するという意思表示でしかありません。

侵略戦争が違法化されていないということは裏を返せば予防戦争が合法でした。その結果、当時の名称で世界大戦（第一次世界大戦）が起きて、ヨーロッパ人とアメリカ人が戦争に嫌気がさしてしまいました。そこでウッドロー・ウィルソンという頭がおかしい米大統領が、心が弱っている欧州人に対して「永久平和だ」「国際連盟を作るぞ」と言い出して生まれたのが集団安全保障でした。これは予防戦争禁止の思想でした。国際法学者が言い出して憲法学者が金科玉条としている不戦条約による戦争の違法化というのは予防戦争の禁止でした。その予防戦争の禁止を今日では侵略戦争の違法化と言っています。その目論見が一九四五年国連憲章で戦争の違法化に一気に行ってしまいました。

集団的自衛権を創りだしたのは、アメリカというよりもウッドロー・ウィルソンと言う方が正しいです。なぜなら、アメリカ人の多数派は孤立主義だったので、集団的自衛権など「勘弁してくれ」だったのです。むしろ、国際連盟どころか「もう二度とヨーロッパにかかわりたくない」と思っていたほどなのです。国際連盟を言い出したのはウィルソンの勝手ですし、不戦条約だって、一部団体に煽られたケロッグ国務長官が結んできただけで、一般のアメリカ人は関心がありませんでした。たしかにケロッグはアメリカ人ですが。

第二次世界大戦の国連憲章は、フランクリン・ルーズヴェルトがウィルソンの焼き直しでやったものです。一九一九年、二八年、四五年と全てにアメリカ人が関わっているので、予防戦争の違法化・禁止という意味でアメリカが生み出した思想というのは間違いではありません。

むしろ集団的自衛権というのは南北アメリカ大陸の中での話で、南北アメリカ大陸以外のところでは集団安全保障で国際連盟がやるという枠組みでした。つまり南北アメリカ大陸はアメリカの縄張りだから国連は来るな、それ以外では国際連盟でやるというアメリカに都合の良いものだったのです。このように解説をしておかないと、松井の説明だけだとアメリカが理想主義者にしかとれなくて、しかも必ずしも間違いではないので困りモノです。たしかにウィルソン一人でアメリカ人を語られるのもアメリカ人にとっていい迷惑でしょうが。ウィルソンはアメリカ人の中でも例外中の例外の狂人ですので。

**Q5　集団的自衛権はどのように解釈されているのでしょうか？　また、集団的自衛権は国連の集団安全保障体制の中でどのような位置を占めているのでしょうか？**（16ページ）

この答えは国連の集団安全保障の枠組みが機能しない時に行使されるのが集団的自衛権です。湾岸戦争は集団的自衛権か国連の集団安全保障かというと、国連の安保理決議があるので国連の集団安全保障の行使になります。

集団安全保障でも集団的自衛権であろうと、自陣営が強い場合はリンチで、相手の方が強い場合は弱者同盟になります。共同防衛という概念で考えるのが最も適切だと言えます。

松井は集団的自衛権と集団安全保障の関係について以下三つの見解を紹介しています。

①「攻撃を受けた他国を援助する権利」という見解です。この説は法律家になじみ深い刑法の「正当防衛」の類推（中略）

②「個別的自衛権の共同行使」という意見です。つまり、X国から同時に武力攻撃を受けたA・B両国が協力して個別的自衛権を行使するのが集団的自衛権だというのですが、しかしこの説は、集団的自衛権を個別的自衛権と並べて規定する憲章五一条の明文と両立せず、一貫して少数説でした。（中略）

③「攻撃を受けた国に関わる自国の『死活の利益』を守る権利」という理解です。この説によれば、守られるのは自国の利益ですから「自」衛の論理を維持して国連の集団安全保障と整合し、また援用できるのは被攻撃国と安全を一にするような密接な関係にある国に限られるから国際社会の分権的な秩序とも両立すると説明されます。

（16～17ページ）

②は日本政府、内閣法制局と現在、維新の党が主張しています。小林節などは個別的自衛権で自衛権の行使が可能なのに、なぜ集団的自衛権なのだと言っています。公明党も本音ではこの説をとっています。いずれにせよ日本人くらいしか唱えない説です。

①は正統的な解釈で③は帝国主義の焼き直しです。②はともかくとして、①と③を厳密に分ける必要はあまりありません。何故なら③が本音なので①を建前にしているという関係です。

**Q8　閣議決定では、集団的自衛権という言葉があまり使われていないことをどう考えればいいのでしょうか？**（24ページ）

一度でも使えば使っているのです。あまりという数字はありません。松井は「『集団的自衛権』という言葉は閣議決定では二回出てきます」と後述していますが、筆者から言わせればここの批判は生ぬるいです。

**閣議決定で憲法解釈をかえられるのかという立憲主義の基本的な問題まで出てくることになります。**（25ページ）

本書でこれまで見てきたように憲法解釈は変えまくってきています。問題は憲法により禁止されている事を一内閣の閣議決定で変えていいのかということです。

**Q9　閣議決定で容認した集団的自衛権は、国連憲章の集団安全保障体制とはどういう関係になるのですか？**

安保法制懇の報告書も安倍首相の閣議決定も、国連の集団安全保障体制をまったく無視していることが著しい特徴です。（26ページ）

そうなんでしょうか？

アメリカ外交史専門の西崎文子先生ですが、この方は、国連の安全保障体制にとって憲章五一条というのは例外的な条項で、悪くすれば対立的な存在になりえたのであって、アメリカが主導して締結された五一条を根拠とする諸条約は、いずれも国連安保理事会を迂回するという明確な目的を持って誕生したものであり、むしろ、集団的自衛権の行使を容認して五一条こそが安全保障のかなめだと言い切るならば、日本は国連の安全保障体制からも徹底的に離反することになると、厳しい批判をしておられます。（27ページ）

西崎文子先生が何を言っているかさっぱり分かりません。これは「国連自体が拒否権を行使できないから」という一般論以上のことはないでしょう。

日本では外交三原則というものがあり、「対米重視」「対アジア重視」「国連重視」というもので、原則を三つ並べただけと長らく批判されてきました。もっとも、国連なんてものを頼っても仕方ないのですが。

それよりも「P5（国連安保理常任理事国）」「コンタクトグループ（CG）」「G7」というグループの枠組みがあります。最近、ロシアを放り出したのでG7にできています。よくやってくれました、これでようやくまともな話ができます。日本さえまともなら。国連というのは建前です。コンタクトグループは地域の関係国の中で発言力があって、その国の言うことを聞かないといけない国を集める所です。どちらにも中国がいるのですが、G7はサミットなので中国がいないのです。国連なんてところは日本がいなくて中国だけがいる所です。その国連をありがたがっているというのは頭がおかしいとしか思えません。

**Q10　閣議決定では集団的自衛権の容認と並んで国連の平和維持活動などへの貢献が強調されていますが、この点はどう考えたらいいでしょうか？**（27ページ）

これはそもそも自民党が国連平和維持活動と集団的自衛権の区別をつけていないことが原因

・「主権国家の固有の権利」としての自衛権
個別的自衛権（自国の防衛）……何が「自衛」の範囲かは、各国の判断による。
集団的自衛権（他国の防衛・防守同盟）……戦前の「自存権」の概念は、これにより死文化した。

平和維持活動（Peace Keeping Operations）　実態は、停戦維持活動……平和がないからこそ行われる。

伝統的な平和維持活動：紛争地域の当事者に対し、中立的立場で、平和回復を目的に、停戦状態を維持させるための、他国の軍隊による非強制的な治安維持活動。
当事者が戦いに疲れたとき、彼らの合意を前提に介入。

停戦維持中に当事者間の和平交渉が進展すれば、場合によっては選挙等の平和構築段階に進むこともある。
（ブライアン・アークハート「軍隊のやる仕事ではないが、軍隊しか成し得ない仕事」）

☆軍事行動：国際法上の軍隊としての法的資格においての行動（戦闘の有無は、軍事・非軍事とは無関係）。
国連の安保理か総会における何らかの決議に基づく平和維持活動が、国連平和維持活動（殆どが安保理）。

最初の停戦監視団は、国連パレスチナ休戦監視機構（ＵＮＴＳＱ）　1948.6～　（継続中）
最初の平和維持軍は、第一次国連緊急軍（ＵＦＥＮ・１）　1956.11～1967.6

☆2011.8.26　国際連合安全保障理事会（ＵＮＳＣ）、平和維持活動における紛争当事者に対する原則を、「中立」から「公平」に変更する決議を全会一致で採択（讀賣新聞 2011.8.27）

※倉山塾における樋口恒晴氏の講義より

です。上の表のようにそれぞれ関係のない話です。

**この問題点は、閣議決定が安保理決議に基づくということで、厳密な意味での集団安全保障の強制措置といわゆる多国籍軍に対する武力行使の許可とを区別していないことにかかわります。**（28ページ）

しなくてもいい法体系を作らないと駄目なんです。

**なお、閣議決定はこれと同じ個所で領域国の同意がある場合の在外邦人の救出のための武力の使用についても議論しています。**（28ページ）

なんで全ての場合で相手国の同意を得る必要があるのでしょうか。これでは、北朝鮮拉致被害者を取り返

すために は北朝鮮が許してくれたら自衛隊を北朝鮮へ派遣しても良いという意味です。金正恩がそんなものを認めるわけがありません。戦前の支那大陸における邦人居留民の保護がどれだけ大変だったか松井は分かっているのでしょうか。

**領域国が在留外国人の保護を行うことができない状況は内戦状態に他ならず、そのような状況の下で正負のみの同意によって武力介入をすることは、やはり憲法九条一項が禁止する「国際紛争を解決する手段」としての武力行使に当たるといえるのではないでしょうか。**（29ページ）

では北朝鮮拉致被害者を見捨てるのかという話になります。

**Q11　閣議決定で、軍事行動には歯止めがかけられるという説明がありますが？**（30ページ）

歯止めをかけまくってます。左から見ると「明白な危険」というのが主観的で曖昧だから駄目だということらしいのですが、それなら公明党の主観で駄目だといわれたらどうするつもりでしょうか。筆者から見ると、新三要件は自衛権を行使させないためのものにしか思えないのですが。これは主観の問題です。松井は日本が自衛権を行使させないためにどうするかを論じていますが、では拉致被害者を取り返すことは、彼の中では自衛権行使の要件にはならないのでしょうか。彼の主張は拉致被害者を見捨てろという意味以上のものはありません。

**Q12　今回の閣議決定、とくに集団的自衛権行使の容認は、日米安保条約にどのような影響をあたえるのでしょうか？**（32ページ）

松井は国際法学者なのですから、在日米軍に基地提供をしていることが集団的自衛権の行使だと言って欲しいものです。

**例えば陸上基地に対する攻撃ならば、日本に対する攻撃も多くの場合は含んでいると思われますが、領海を航行中の第七艦隊とか領空を飛行中の米軍機が攻撃を受けても、日本にとっては領海や領空の侵犯だけであって、日本に対する武力攻撃があるわけではない。**（32ページ）

普通の国では領海・領空侵犯は武力攻撃です。

**もう一つは、安保条約六条でアメリカに基地を貸している。その基地は単に日本の**

**防衛のためだけでなく、「極東における国際の平和及び安全の維持に寄与するため」にも使える。そういう基地を貸すということは、集団的自衛権が前提になっているという批判ですね。したがって、六〇年のときから国際法学者で安保体制に批判的な人は、安保条約というのは現状でも集団的自衛権を援用しないと説明できない、そういう議論で来たわけです。**（32ページ）

正しいです。その通りです。言ってくれました。

**しかし、閣議決定による集団的自衛権の行使の公認は、単に隠されてきた本質が露呈したという以上の重大な意味を持っているように思われます。**（33ページ）

流石に国際法学者は基地提供が集団的自衛権の行使だということは知っています。ただ、法律論はともかくとして政治論として「隠されていた本質が露呈した以上に重大な意味を持っている」などと書いていますが、本質がグダグダな議論によって隠されました。何故か、違憲派がグダグダな事を言うし、合憲派も基地提供が集団的自衛権の行使だという点に一言も言及をしないからです。

つまり、安倍内閣はこれまでとっくの昔に行使をしてきた集団的自衛権をこれから行使すると間抜けなことを言って、合憲派がその論理に乗っかっているから、今日のグダグダな議論になっているのです。

**従来の政府解釈では、日本の「憲法上の規定」によれば個別的自衛権の行使だけが可能ということでしたから、日本の施政の下にない領域、つまり世界のどこかで日本と関係ないところでアメリカが攻撃を受けたときに、これに対してアメリカから共同防衛の申し出があっても、日本は「自国の憲法上」は個別的自衛権しか行使できないからといって断っても、安保条約に違反することはなかったのです。**（33ページ）

ここでいう「従来の政府解釈」とは佐藤内閣の高辻正己法制局長官がねじ曲げた憲法解釈以降の政府解釈という意味です。

このような話は憲法解釈で規定するものではなく、本来は国防方針で決めることです。「個別的自衛権しか行使できないからといって断っても、安保条約に違反することはなかった」ということについては安倍首相の答弁が正しくて、今日も自衛隊はインド洋の給油活動や国連協力活動などの集団的自衛権行使をして、地球の何処かで働いています。

**今度の閣議決定のように憲法解釈を改めて集団的自衛権の行使が可能だということ**

**になると、こうした断り方ができなくなるという結果になります。Q11で見たように集団的自衛権は「権利」だから日本の政策的判断で断ると言いながら、安保条約上可能だった断る道を自分でふさいでしまったということになるわけです。**（33ページ）

政治力の話なので、これはその通りです。それは確保の上の話なので憲法上批判しても全く意味がありません。

**その米軍基地を自衛隊が守ると言うことになっていまして、これは実は集団的自衛権の論理そのものです。**（33ページ）

その通りです。そうなると、松井の反対論は一体何になるのでしょうか。結局、既に集団的自衛権を行使していることを認めているわけですから、反対の根拠がありません。

**いわゆる「思いやり予算」をはじめ「授受国支援」という手厚い支援を与えているのです。**（34ページ）

基地提供が集団的自衛権の行使なら思いやり予算や授受国支援は集団的自衛権の行使ではな

いのでしょうか。思いやり予算はお金を渡すだけでなく在日米軍基地にリゾートまで付けてあげています、立派な集団的自衛権の行使です。

護憲派左翼は外国に行って人を殺すことだけが集団的自衛権だと勘違いをしているのでしょう。林修三法制局長官が「そこは否定しています」という言葉を捉えて、さも最初から全ての集団的自衛権を否定していたかのように、高辻正己長官以降に偽宣伝をしています。

**安保条約上の日米の権利義務関係に大きな変動をもたらすことになります。**（34ページ）

なりません。松井が今まで集団的自衛権の行使をしていたと露呈していると書いているだけです。

## 森英樹による左翼のテンプレート的論理の真の敵は内閣法制局

森英樹名古屋大学名誉教授（以下敬称略）も松井と同じく『国際法・憲法と集団的自衛権』（清風堂書店　二〇一五年）の内容から論評していきたいと思います。

**Q1　憲法九条の制定趣旨はどのようなものですか？**（41ページ）

日本を敗戦国のままにさせるためのものです。

特に第二項の「その他の戦力」は、英文ではother war potentialという言葉が使われ、直訳すると「その他の戦争を可能にする潜在的能力」になります。制定当時もその後も、「戦力」という言葉は、軍事力のみならず、戦争を可能にする、典型的には軍需産業も禁止したと読むべきだという有力な理解があります。（41～42ページ）

実態がその通りになっていて、軍需産業を今からどうやって立て直していくのでしょうか。

**Q2　戦後の「解釈」による「改憲」は、憲法学からどのように評価されるものですか？**

**一九五〇年代の「解釈改憲」―自衛隊創設―**（43ページ）

森も解釈改憲で自衛隊を創設したとバッチリ書いています。「戦後一貫した憲法解釈をしてきた」と主張している内閣法制局は、これに対してどのように反論をするのでしょうか。

**憲法学からみた「解釈改憲」のおかしさ**

**二〇一四年の「再度の解釈改憲」**

**一九五〇年代の解釈改憲に飽きたらず、二〇一四年、再度の解釈改憲が、しかも一片の閣議決定で行われました。**（44ページ）

これは内閣法制局に言ってほしい内容です。一九五〇年代は吉田、鳩山内閣で解釈改憲をしていたことを書いておいて、いきなり二〇一四年にいきなりとんでいます。護憲派左翼は池田内閣から佐藤内閣の高辻正己法制局長官の時に何が起こったのかを言いたくないとみえます。私からみれば内閣法制局も護憲派左翼も同じ穴のムジナです。高辻正己について言及をしてるのは政治学者の樋口恒晴氏と細谷雄一氏くらいのものですが、細谷氏に限って言えば、安保法制懇のメンバーであったのにも関わらず、閣議決定後になってから本件について言及をはじめました。今更言うなら議論の段階で安保法制懇座長の北岡伸一氏に文句の一つでも言っておくべきでしょう。

**Q4　七・一（二〇一四年）閣議決定は自衛隊の現在の海外支援活動をどのように変更するものですか？　典型的な危険性を説明してください**

**典型的には、「戦闘現場」という概念を創設して、これまでと異なり「戦闘地域」へも入っていくという危険な変更を行いました。閣議決定第二の「国際社会の平和と安全への一層の貢献」の部分です。**（47ページ）

確かに「戦闘現場」が何か分かりません。次から次へと新しい用語を作る言葉遊びをしているにすぎません。

民主党の岡田克也代表が「後方支援は武力行使ではないのか」と言っていますが、その通りです。実は岡田代表の言っていることの方が正しかったりします。内閣法制局に頼って、日本国憲法と法制局の解釈に合わせるからこのようなことになります。

**当時の小泉首相が「どこが非戦闘地域で、どこが戦闘地域なのか、私に聞かれてもわかるわけがない」（二〇〇三年七月）とか、「自衛隊が活動している地域が非戦闘地**

**域だ」（二〇〇四年一一月）**（48ページ）

小泉首相の答弁内容は国際法的には正しいです。現在は王朝戦争における国家間の決闘としての戦争がなくなった結果、平時と有事、戦地と非戦闘地域の区別がない紛争が延々と続くことになったので、どこを戦場にするかはテロリストが決めることになりました。アメリカの南北戦争でも初期は区別はついていましたが、終戦時には戦地と非戦闘地域、戦闘員と非戦闘員の区別はなくなっていました。

**新たに「戦闘現場」という概念を打ち出し、「戦闘現場には行かないが戦闘地域には行く」と切り替えてしまったのです。**（48ページ）

なぜ、国際法とかけ離れたお役所用語をどんどん作っていくのでしょうか。

**Q5　七・一（二〇一四年）閣議決定は「集団的自衛権」をどのような形で認めたのですか？**

**集団的自衛権行使の容認には、国民的な批判や懸念が寄せられたため、閣議決定の核心部分となった「武力行使の新三要件」なるものも、当初もくろみの集団的自衛権**

**行使全面容認とは、少なくとも言葉の上ではなっていません。**（49ページ）

自衛権行使の新三要件だったものが、さりげなく文中で「武力行使」に変えられています。自民党が作るものだから、別にいいではないかと思います。

**新要件とされた「他国に対する武力攻撃」については、この「国」がアメリカだけとは限らないという怪しさはあるにしても、**（50ページ）

いい加減、このような規定はやめるべきです。法は必要に優先するのです。

**ここで「国民の生命、自由、幸福追求の権利」という憲法一三条をなぞったような部分が出てきたのは、一九七二年一〇月一四日に参議院決算委員会に提出された「政府見解」をコピペしたからです。**（50ページ）

事実はその通りです。しかしそれにしても、なぜ安倍内閣は芦田修正を採らずに憲法一三条などをとったのでしょうか。

## Q6　七・一（二〇一四年）閣議決定は「集団的自衛権」を限定したと言えるのですか？（52ページ）

これ以上ないほど、集団的自衛権行使を限定しているのですが。このへんは、もう価値観の違いです。

**安倍首相の執念に、やはり公明党が屈服した結果と見るべきです。**（52ページ）

公明党が負けたことになるのですね。物事というのは右から見るか左から見るかで全然違うものです。確かに、多くの創価学会員は公明党が負けたと信じていますが。

**「閣議決定の最終案を内閣法制局が了解したのは、内閣法制局が態度を変えたのではなく、これまでの内閣法制局の解釈の枠組みに収まっていると理解したからだ」という意見もあります。**（53ページ）

その通りです。だからこそ困るのです。とはいうものの、森は池田内閣から佐藤内閣の高辻正己法制局長官へ移行してどれほど酷い解釈改憲があったかを述べていません。毎日、集団的自衛権を行使していることについてもごまかしています。結局、法制局がデタラメだと安倍首相が言えない限りはこのグダグダは続いていくことになります。

**Q7　日米安保条約と集団的自衛権はどのような関係に立つのでしょうか？**
**米軍機・米軍艦船への攻撃は日本にとっては単なる領空・領海侵犯にすぎないはずです。**（54ページ）

単なる領空・領海侵犯とは何なのでしょうか。中国相手に「単なる領空・領海侵犯」をやってみてほしいものです。かつて風船爆弾をやられただけでドゥーリットル空襲（東京空襲）を仕掛けてきた国がいましたが。

**日本政府は一貫して集団的自衛権行使を否認してきましたから、安保条約五条に関しても「個別的自衛権行使であって、集団的自衛権行使を導入した例では全くない」という答弁を続けてきました。**（55ページ）

岸内閣ではこのような事はひと言も言っていません。佐藤内閣の高辻正己以降から集団的自衛権を否認してきたのです。

片面的条約から相互条約への転換か（55ページ）

ぜひ、させて欲しいです。

**Q8　安倍首相が説明する「集団的自衛権が必要な事例」についてはどのように見るべきでしょうか？**

ほんの数人の日本人を救出するために、実は膨大な犠牲を日本人・日本在住者に生み出す可能性がある、極めて危険な紙芝居でもありました。その後に起こる膨大な危険を一切カットし、情緒的な話に仕上げています。（57ページ）

では拉致被害者を救わなくてもいい、見捨てますということですね。

米軍の統合参謀本部決定では、「アメリカの市民の避難が最優先であって外国人の避難への支援は確約しない」と明記されています。米国防総省のホームページを開くと、「外国にいる米国市民及び指定外国人の保護と退避に関する国務省と国防総省との合意メモ」が掲載されていて、「すべての外国政府」に対して「自国民の退避」に

**ついては「米国に依存しないように要請する」と記載されています。**（58ページ）

どの国でも自国民が最優先なのは当たり前のことです。ここでなぜアメリカが出てくるのか理解に苦しみます。森の論理に従えば、自国民を助けるように出来なければ駄目なんじゃないでしょうか、米軍に任せきりでは駄目だから、自主防衛ができることを目指さなければならないのではないでしょうか。

**Q９　安倍政権の改憲路線は国際的にどのようにみられていますか？**

**日本は国際的孤立を急速に深めています。**（59ページ）

どこの国か国名が全く書かれていません。左翼のテンプレートな上に、レベルが非常に低いです。前出の伊藤真先生の清々しい正論（結論は激しく間違っていますが）を見習ってほしいものです。

**Q11　九条の法的な意味はどのようなものですか？　個別的自衛権も放棄したといえるのでしょうか？**

**他国から攻められることのない、外交をはじめその前提を生かす努力を九条自身が**

**要求しています。現実政治から言えばユートピアかもしれませんが、「ユートピアを作るために万難を排して努力する」ことを、あの大戦を経た日本であるがゆえに歴史的に義務付けられているという捉え方も出来ます。**（65ページ）

左様ですか。どうでもいいです。

**Q12「仲間がやられていたら助ける」という素朴な発想で「集団的自衛権」を肯定する意見をどのように捉えますか？**

**この種の問題を、日常生活で起こりがちな個人間のトラブルをイメージして「いいか悪いか」議論することは、わかったようで実は大きな落とし穴があります。**

**国家の自衛権なるものを、刑法三六条で言う個人の正当防衛とパラレルで考えて、過剰防衛はいけないとするなどの定式がありますが、刑事法条の個人の権利のアナロジーで国家の「自衛権」を説明してしまっていいのかは問題です。**（67ページ）

カルザイ政権は何だったのでしょうか。

安倍首相の例えは悪くはないのですが、分かる人には分かるけど、こういう人たちには絶対に理解させることはできません。森の主張は反論になっていないです。そもそもアナロジーで説明してはならない理由がわかりません。

**私は、そういう言い方で言うなら、むしろ「集団的自衛権というのはやくざの喧嘩、出入りと同じだ」と説明するほうがわかりよいし、事の本質を言い当てていると思っています。（中略）このやくざ話は聞き流しておいて下さい。**（67〜68ページ）

やくざの関係というのはその通りです。国家とはそういうものなのでいいのですが、聞き流しておいて下さいとはどういうことでしょうか。意味が分かりません。

**Q13　憲法九条は「自衛権」すべてを否定しているのでしょうか？**

**私は前者の「非軍事的自衛論」の立場ですが、**（68ページ）

ということは、やはり国民が武装して郡民蜂起をしなくてはならないのでしょうか。

# おわりに

どうやら安倍首相は、意地でも「日本国憲法などデタラメだ」「日本国憲法の解釈など、デタラメばかり繰り返してきた」とは、意地でも認めないようです。

もちろん、日本国憲法の条文は、どれほどデタラメでも、尊重しない訳にはいきません。残念ながら、アレが最高法なので。しかし、その解釈は常に一貫していて矛盾がない、などとまで認めねばならないのでしょうか。少なくとも、集団的自衛権をめぐる論争を見る限り、デタラメばかりを繰り返しています。

集団的自衛権など、とっくに行使しているということは、本書の冒頭から強調してきました。在日米軍基地は、サンフランシスコ講和条約発効の日から毎日、存在しています。集団的自衛権は現在進行形で行使しているのです。「行使するな」「行使する」という議論の愚かしさ。実にレベルが低い。

このレベルが低い議論の根底は、護憲派は言うに及ばず、改憲派も「しょせんは頭の中が日本国憲法で出来上がっているにすぎない」からです。

自民党改憲案を見るとわかります。マッカーサーの落書きにすぎない日本国憲法の条文を手直ししているだけなので。これを指して、「しょせんは頭の中が日本国憲法で出来上がっているにすぎない」と指摘させてもらいます。

日本国憲法の条文を作ったのはマッカーサーです。しかし、その憲法を守り押し戴いているのは憲法学者です。彼ら彼女らは、「憲法とは、こういうものだ」と教えます。それが間違っているのだから、連中に習った政治家の理解がおかしくなるのは当然です。

本書で縷々、日本国憲法、特に九条が如何にデタラメかを詳述しました。そしてお分かりだと思います。日本国憲法を押し戴く憲法学者が、如何に愚かか。

憲法学者は、軍事を知らなければ、地政学も知りません。国際法など無かったことにしています。「憲法とは何か」について知らないから、こうなるのです。

明治の先人たちが、「国際社会の中で生き残るには、どんな憲法が必要か」「立派な憲法を持つことよりも、その運用が大事だ」と真剣に考えたのとは全く違います。

今の憲法学は、単なる条文解釈学です。しかも、日本国憲法の条文のどれかだけで、憲法とは何かという全体像を説明することをしない。どこかで聞いたような結論を繰り返すだけです。「憲法を守ろう」「戦争反対」云々カンヌン。

これでは学問ではなく、カルトです。

護憲派は論外です。しかし、それを批判している改憲派も同じ穴のムジナです。「しょせんは頭の中が日本国憲法で出来上がっているにすぎない」からです。

誤植も含めて一字一句変えれば戦争になると本気で考えている護憲派カルトとも、自分が生きている内に何でも良いから日本国憲法の条文が変わるところが見たいという妄執に取りつかれた改憲派とも一線を画す、そんな人たちが「真の日本人の憲法」を手にしてくれる日を祈りつつ。

最後に、ハート出版の西山世司彦さんとアシスタントの南彗介君に感謝して筆を置きます。

◆著者◆

**倉山 満（くらやま みつる）**

１９７３年生まれ。

中央大学大学院文学研究科博士後期課程単位取得退学。

在学中より日本政教研究所研究員。国士舘大学で２０１５年まで日本国憲法を教える。

近著に『お役所仕事の大東亜戦争』（三才ブックス）、『総理の実力 官僚の支配』（TAC出版）、『帝国憲法物語』（PHP研究所）、『嘘だらけの日露近現代史』（扶桑社）、『真・戦争論　世界大戦と危険な半島』（ＫＫベストセラーズ）、『口語訳　日本国憲法・大日本帝国憲法』（KADOKAWA）、『逆にしたらよくわかる教育勅語』（ハート出版）ほか著書多数（共著含む）。

ネットで帝国憲法を学ぶ「倉山塾」を主宰。

公式サイト「倉山満の砦」
公式チャンネル「チャンネルくらら」（YouTube内）



装丁：フロッグキングスタジオ
写真撮影：本多誠

政府も学者もぶった斬り！ **倉山満の憲法九条**

平成 27 年 9 月 28 日　第 1 刷発行

著　者　倉山　満
発行者　日高裕明
発　行　株式会社ハート出版

〒171-0014 東京都豊島区池袋 3-9-23
TEL.03(3590)6077　FAX.03(3590)6078
ハート出版ホームページ　http://www.810.co.jp





定価はカバーに表示してあります。

ISBN978-4-8024-0002-2　C0021　　乱丁・落丁本はお取り替えいたします。

印刷・中央精版印刷株式会社

## 世界史から見た大東亜戦争

アジアに与えた大東亜戦争の衝撃

吉本貞昭 著

ISBN978-4-89295-509-9　本体 3700 円

## 日本軍は本当に「残虐」だったのか

反日プロパガンダとしての日本軍の蛮行

丸谷元人 著

ISBN978-4-89295-991-2　本体 1800 円

## 韓国の米軍慰安婦はなぜ生まれたのか

「中立派」文化人類学者による告発と弁明

崔　吉城　著

ISBN978-4-89295-990-5　本体 1500 円

## 竹林はるか遠く

日本人少女ヨーコの戦争体験記

ヨーコ・カワシマ・ワトキンズ　著 監訳／都竹恵子　訳

ISBN978-4-89295-921-9　本体 1500 円

## 続・竹林はるか遠く

兄と姉とヨーコの戦後物語

ヨーコ・カワシマ・ワトキンズ　著 監訳／都竹恵子　訳

ISBN978-4-89295-996-7　本体 1500 円

## かみかぜよ、何処に

私の遺言――満州開拓団一家引き揚げ体験記

稲毛幸子　著

ISBN978-4-89295-984-4　本体 1500 円